夢を叶える、サラリーマン！

何のために生きているのか？

サラリーマンサポーター　岡田　友一

はじめに

サラリーマンとは、一般に、「会社、団体などに継続的、定期的に勤めてサラリーをもらっている人。勤め人。月給とり。給与生活者。」のことを言い、明治期に生まれた和製英語です（男女平等の観念が広まった事で、どちらも死語になりつつあるかもしれません）。

巷には、いわゆる経営者（法人経営者や個人事業主）のための勉強会や交流会は、たくさんありますが、サラリーマンのための、勉強会や交流会はありません。サラリーマンであっても、個人としては自分の人生の経営者なんだから…と言う方もいますが、私には、違和感があります。

みなさんは、どうですか？

給与をもらっている人と、給与を払っている人、または、自分で稼いでいる人とは、視点や考え方、必要なコミュニケーションが同じということはないと思うのです。

経営者がいいとか悪いとか、サラリーマンがいいとか悪いとか、言いたいわけではありません。正直言って、経営者は本当に大変です。サラリーマンだって大変です。

大変さの質が全く違うのです。そして、サラリーマンの時、自分で自分の給与を稼いでいる時に思っていたのと社員に給与を払う立場になるのとでは、次元が違います。はっきり言って、これぱかりは経営しないと分からないと思います。

私は、いずれであっても、夢を持って、志を持って、生きることがとても重要だと思っています。仕事そのものが夢の人もいますし、仕事で稼いだお金で夢を叶える人、どちらでもいいのです。サラリーマン生活39年の私は、サラリーマンであったからこそ、私の夢を叶えることができました。脱サラしていたら、夢を叶えられていないと思います。よく、「サラリーマンでいたら、夢なんて叶えられませんよ」と言う人がいます。確かに、そういうケースもあります。でも私は、サラリーマンだからこそ、夢が叶えられるケースもあると思います。

そこで、私の体験や知識を一冊の本にまとめようと思い、本書を出版しようと思ったのです。私は、サラリーマンサポーターとして、サラリーマンを応援する為に、自分ができることを今後も続けていくと決めました。

本書が、サラリーマンが元気で働く一助になれば幸いです。

２０２１年10月吉日

サラリーマンサポーター　岡田　友一

もくじ

第2章　あなたは、何が欲しいですか？

第3章　夢は、人の生きる原動力

第1章　岡田友一とは、何者か？

◆サラリーマン生活39年の私

私は都内に住んでいたので、昭和39年の東京オリンピックを見に行きましたし、身近にオリンピックがありました。そんな時に、テレビで見ていると、電光掲示板とか、それからいろんなもので数字がデジタルで出てくる時代でした。その後、銀行ではATMが増えてきました…。

僕らが子どもの頃は、駅の改札も駅員さんや学生帽を被った学生さんが、カチャカチャと切符にハサミを入れていました。もうすごい人通りの中を、きちんと捉えていく素晴らしいプロフェッショナルがいましたが、今ではSuicaとかPASMOとか、ICカードをかざせばそれでオッケーな時代になりました。いろいろなところで、人が要らなくなってきました。ということで、その人たちは職を失ったというよりは、自分らしい仕事に逆に就いていったわけです。つまり、人が人らしく働く、そういう仕事に変わっていったわけです。ですから、

私は、機械的な仕事をしている人たちのためにコンピューターのシステムをつくろうという、そういう夢と志を持ちました。それで39年間やってきました。

私は39年間会社でコンピューターのシステム開発をしながら、ずっとサラリーマンをやり続けてきました。仕事が楽しくて仕方がありませんでした。一般的にサラリーマンはなんか鬱になるとよく言われますが、私は月曜の朝が楽しくて仕方がありませんでした。今週また頑張るぞ！と…。

なぜかと言うと、私は中学の時に夢を持ちました。中学1年のちょうど東京オリンピックがあった年、昭和39年です。一冊の本に出合いました。『電子計算機』という本に…。その時に思ったのは、「なんだか難しいけれど、これって人の役に立つんじゃないかな？」とそんな気がして、「これからはこの時代だろう！」と思い、コンピューターの勉強をしはじめたのです。

昭和50年に会社に入社して、最初は大型のコンピューターから始まり、どんどん小型化が進み、退社するころにはパソコンからスマートフォンの時代になってきました。

時代とともに機械は進化しましたが、人はほとんど変わりません。

◆サラリーマンの嘆き

退職が近づく頃に、私の部下に鬱になったり、それから精神疾患で会社へ来ても寝てばっかりいるとか、仕事ができないとか、そういう人が増えてきました。

30代の若い社員は、会社に来て、確かに机に座る、パソコンに向かってはいますが、ぼうっーとしている…。

「おい、具合悪いのか？　具合悪いんだったら、ちょっと保健室行ってこいよ」

と声をかけると、

「はい。わかりました」

と言って保健室へ行く。あとで保健室の先生から電話がかかってきます。

「岡田さん、ちょっとご相談があるんですが、今来れますか？」

「彼は、ちょっと最近やる気は有るみたいなんですが、困っているんですよ。」

「うちで引き取ってもいいけど、これたぶん精神的なものだと思うんだよね」

こういうやり取りをしている中で、その人は保健室のベッドで寝ている。もう本気で寝ています。ということは、何か精神的というよりも、夜眠れていないのではないか？　ということで、私は彼と面談することにしました。

「どうしたの？」

「実は家庭で妻とうまくいってなくて、どうしても寝られない」

「そうなんだ、それは大変だね。色々とあるよね」

などと話をしながら聞いていくと、

「実は自分が思っていたことと、違う仕事をしている」と話をしてくれました。そこで、「どういうことやりたかったの？」と訊くと、実はこれこれこうだと、それなりの理由を言ってくれました。私は、

「じゃあさ、無理してこの会社にいることないじゃない？」

「でも、家族を養うためにはいなきゃいけないし、お金をもらって帰らなきゃいけないし、やっぱり働かなきゃいけないですよね」

「そのために働くんだったら、面白くないんじゃない？」

「面白くないですよ。だけどね、お金がなかったら生活できないでしょ」

こういう堂々巡りになってしまいます。


サラリーマンには、こういう人が結構多いと思いました。

これまでの経験から、「サラリーマンの嘆き」をまとめてみると以下の通りです。

・お金のためだから我慢しなきゃ。
・組織っていうのは逆らえない。
・面白くなくても仕事だから。
・上司に逆らったら仕事がなくなったり、辞めさせられるとお金がもらえない。
・毎日ストレスが多い。
・いじめられている。
・辛いけど生きていくために我慢しなきゃ。
・将来性ないし高齢化で自分たちは貰えない年金問題。
・夢は有るけど今更できるわけない。

サラリーマンのみなさん、このようなことを思ってはいないでしょうか？
管理職の皆さん、あなたの部下は、このようなことを思ってはいないでしょうか？
あなたの家族は、このようなことを思ってはいないでしょうか？

◆岡田君、悪いんだけどさ

話しを戻しますが、それで、私はなんとかしないといけないと思い、毎週面談することにしました。それでいろいろ話を聞いていると、子どもの時に問題があったようでした。具体的には、人からいじめられたとか、先生から嫌がらせされたとか、そういうことが自分の心の中で引っ掛かっている。

それで、例えば奥さんとうまくいかないときも、何も言い返せない、そして変なところで怒ってしまう…。そんな行き違いを起こしていました。そんなことやっていたら、それは仕事も面白くないです。何度も話しましたが、結局家に帰っても眠れないと言うので、「じゃあ、一度奥さんのところに帰らないで、別のところで寝てみたら？そうやったらぐっすり眠れるんじゃない？」と勧めました。実家が首都圏の方だったので、「じゃあ、お父さんお母さんとこ帰って、一度そういうふうに寝てみたら？」と。

週明けにそれで会社へ出てきた時に、笑顔で話してくれました。

「いやあ、岡田さん、ぐっすり眠れた。今日はスッキリしています」

「よかったね。じゃあさ、本当にそれが原因なのかどうなのか、これから何回か奥さんのところと、ご実家のほうと行ったり来たりしながら、自分の体調を整えるっていうことやってみようよ」と次のステップに行きました。

次は奥さんとうまくいかない原因を探そうとしました。しかし、彼は…

「僕は今の妻とうまくいかないし、行き違っている。でも娘が一人いる。かわいくてしょうがないいんです。だから僕は娘がいるからやっぱり別れられないな…」

別れるつもりがあったのには驚きました。彼の次の問題は、離婚した後の親権問題になっていました。仮に離婚したら、親権を自分が取れないのではないだろうか、ということを心配するんです。そこで私は、「わかった。でもね、君が本当にこれからどうしたいかっていうことが一番大事なことだから、やってみようよ」ということで、暫くして決心して別れることにしました。

それで、別れた後に、見違えるように元気になったんです。私も心配していたんですけれども、全然そんなことなくて、お子さんとも別に会えないということではなく、きちんと会えるという約束も取って、それで正式に別れました。そのあとは、元気になって、会社へもきちんと出てきて、一日も居眠りもせずに仕事をするようになりました。

そんなことがあったので、こういうことは、みんなあると思いました。そんなことで、部下の色々な相談に乗っているうちに、上司から、「岡田君、悪いんだけどさ、こっちに問題児がいるんだけど、ちょっと面倒みてくんないか？　いやあ、しょうがないじゃないの。なんか岡田くんとこ居るとさ、みんな良くなってくから頼むよ」とか言われて、知らないうちに自分の部下が問題を抱える？人間ばっかりになってしまいました。私は、別にカウンセラーでもなんでもない、相談に乗っているだけです。

でも、分かったことは、相談に乗ってくれる人がいないということでした。こういう相談は、親にはできないでしょうし、奥さんが乗ってくれるなら、たぶんこういう問題は起きてないでしょうし…。鬼上司ではなくて、話を聞いてくれる上司…。

もちろん職場ですから、成果も出さなくてはいけません。それも当然の如くやりながら、部下の悩みの相談に乗っていく。しかも全員、内容は違います。

ですから、最後は半期に一度、目標を決めてそれを達成するという会社の方針があり、半期に一度は必ず面談をすることになっていました。私も部下がいますから、一人ずつ面談して、半期で成果が出ているか、一年間でどういう成果が出たか、それによって評価をしなければなりません。いわゆるありきたりの部下の評価があるわけで、そんなことをやってはいましたが、その面談のときにいろいろしました。特に問題のある部下は、半年に一度に限らず、毎週一回は話をしようっていうことでやってきました。

◆夢には仲間がいる、話し相手がいる

私は、夢を叶えるには仲間がいる、話し相手がいると思っています。一人でいると煮詰まっていき、ネガティブになり、アイデアも出なくなり、やっぱり無理と諦める方向に向かいます。ですので、仕事で一番大事なのは雑談です。雑談の中からアイデアがでることが多々ありますから…。さらには、脳に隙間ができる、ぼっーとしている時間も大事です。私は、そういう、役に立つ話し相手になりたかったのです。

会社が期待する面談は、人事考課であって、仕事に関する評価・目標であって、各人の人生の目標は関係ないです。ですからその中には、例えば家庭がうまくいっているかとか、夢は叶えたかとか、そんなことはないわけです。今年の目標としてはシス

テムをどういうふうにつくっていくかとか、工夫をどうしていくかとか、原価削減のために色々なアイデアを考えるとか…。そのような目標に対してできているか、できていないか。仕事のための資格を取るとか、そういうこともして、仕事に役立てていく。そんなことをやってきたわけですが、その中で話すことっていうのは、当然プライベートのことはないわけです。

それでもそんななかで、将来どうしたいのかとか、仕事を通して、自分はどういう夢を持っているのか、ということを扱いました。夢を持っている人間は、イキイキと話してくれます。自分は、今年はこういう目標を持って、そのためにこういうことをやって、そしてこれによって自分は将来こういうことをやっていきたいと思います！ということをハッキリ言うわけです。そういうメンバーは、私から見てもやっぱり高評価になる、それだけの成果を上げているメンバーです。

夢というのは色々な夢があります。会社には全く関係ない夢をもっている人もいます。それでも私的にはオッケーでした。会社的には表に出るのは会社に貢献する目標も必要です。ですから目標設定は、会社の貢献に対して何をするかということですが、**その原動力になっている部分は、決して仕事を生きがいに持っているだけではない**のです。

ある時「君、夢ってないの？」と訊いたら、「実は僕、音楽でＣＤ出したいと思っていたんです」と話してくれました。

一応仕事はこなせている、平均的な普通の社員です。その彼が実は夢を持つ前、どうだったかって言うと、どちらかというとしょうがないから仕事をする、みたいな感じでそんなに仕事が好きなわけではありませんでした。

「えー！　そんなこと思っていたの！でもなんで音楽諦めたの？」

「だって岡田さん、仕事にならないでしょう。それにテレビやなんかで見ている人とか、ＣＤ出している人って、すごい一部の人だけじゃないですか。僕だってそんなバカじゃないから、そんな無謀なことはしませんよ」

「そうなんだ。でも今でも好きでやっているんじゃないの？」

「時々ね、仲間とアマチュアで楽しんではいますよ。でもね、そんなの夢だから全然無理ですよ」

「そんなことないじゃない。いいじゃない。ＣＤ出すって夢、叶えようよ」

「ええ、そうですか」と笑っていましたが、

「よし、僕夢叶えるためにCDつくりますよ」と本気になったんです。「その意気だよ！ それに向かってやっていこうよ。もしよかったら、俺の仲間たちにも音楽やっていた人いるから紹介するよ」

ということから、音楽仲間が増えて、CDを出そうっていうことで曲づくりとか始めたんです。そうしたら、会社へ出てきてニコニコしているんです、

「なんか最近調子いいな」

「いやあ、今度良い曲ができそうなんですよ」

「そうか！良かったな」

こんなやり取りをしているうちに何曲かできて、自分たちの仲間でそれを演奏して、CDをつくることになったんです。もちろん、自主制作ですから、そんなに大したことではありませんが、でも、CDを出す！となった途端に、彼はイキイキとして仕事の成果も出てきたんです。

自分が夢を持って、それを叶えるために一生懸命になってくると、何か悩みとかそういうものが、あまりなくなってくるというか、こだわらなくなり、何事に対しても正面から向き合って、一生懸命やろう！という生きがいが出てきます。そんな感じに

受け取れます。夢がハッキリすると、仕事の方もうまくいく、もちろん家族ともうまくいく感じになります。ですから、夢を持つことは、すごく大事なことだ！とその時から思って、とにかく**夢を持つことが、サラリーマンにとっては大事なんだ！**と確信を持ち、その後、色々なことをやってきています。

◆サラリーマンに夢と希望を！

私は、鬱の部下と面談しながら、他のメンバーの面談も行い、一人ひとりの悩みを解消する中で、セミナーを毎週水曜日昼休みに会議室で行っていました。今から思えば独りよがりだったが、相談に乗りながら人生を立て直したメンバーもいました。カウンセリングを学ぼうと思ったのは長女の潔癖症がきっかけでした。しかし、うまく対応ができず徐々に悪化していってしまいました。

今から思えば、原因は親である自分に有り、直したいと思うあまり学んだことを、むりやり試しては挫折する日々でした。そんな中、会社内のメンタルに向き合い相談を続けているときに、異業種交流会で中小企業の社長と出会い、言われたのは、「中小企業では福利厚生が弱く、メンタルが弱くなると社員は辞めていくよ」でした。この話を聞いて、私は、中小企業の社員をメンタルから予防したいと独立を考えはじめたのです。

人は夢を持つことで生き方が変わります。私の思いを箇条書きにします。

・サラリーマンにもっと主役になってもらいたい
・本当に自分が好きでたまらないことをやってもらいたい
・一度きりの人生だから思いっきり夢を描いて叶えて欲しい
・つまらぬ雑用も心を込めて仕事にして欲しい
・心の中に雑音として湧いてくる様々なことに捕らわれない心にする
・未来の不安を取り除く拠り所を探す
・本質としての自分に気づく（表に出るか出ないかの違い）
・組織に使われる人から組織を使って成長しよう
・会社（組織）が自分を成長させてくれることに感謝しよう
・成長した自分で世の中に恩返ししよう

◆今の人は夢がわからなくなっている？

私が入社した頃は、昭和の高度成長経済の時代です。高度成長の時は、たくさん物を作って売って、収入上げて家持つぞとか、欲しいもの買うぞとか、そういう時代です。私は、思い起こせば、幼児期から仕事を通して現在まで「夢」というものを持って、それを目指して生きていました。

初めての夢は、電車や汽車への憧れから来る乗り物への関心です。小学校の卒業作文では、「船で世界一周旅行へいく」と夢を書いていました。中学では航空高専を受験しようとしたら赤緑色弱でダメだと知り、諦めました。その後、「電子計算機」という本に出会い、それが将来の仕事への足がかりになり、大学でコンピューターを学び、ソフトウェアへの興味が湧き、その分野へ進みました。「人が人らしく働く仕組みをコンピューターで実現する」ことが夢になりました。

そして、コンピューターシステムトラブル時でもワクワクしながら働いていました。製造現場からマネジメントを任され面白さを失い、この頃から鬱気味になりました。その後、39年間のシステム開発から製造する人のケアを志し、独立開業（起業）し、今は、「サラリーマンが喜んで働く金の歯車にすること、そして、雇われるというより、主役としての働き手になり尊敬される人になる」が私の夢になりました。

少し前までは、会社にずっと就職して、いっぱい稼いで、給料上げて、家買ってとか、車を買うとか、欲しいものを買う、それが多くの人の夢でした。急に今になって、「あなたの夢はなんだ？」と問われ出しても、そういう教育も受けていないし、わからないのが正直なところではないでしょうか？

若者と話しても、「別に車、欲しくない！」とか、「やりがいや給料より、休みが多い、残業のない会社がいい！」などと言います。「夢はなに？」と訊くと、「岡田さん、何言っているんですか？　夢なんかないですよ！」とか、「夢ってなんですか？」とか、答えが返ってくることが結構あります。

中には「そういう質問はしないで下さい。だって、わかんないから…」という若者もいます。「夢」という言葉がダメかなと思って、「何か、やりたいこととあるんじゃないの？」と質問を変えます。「だって、〇〇みたいのが好きだし、△△みたいのが好きだから、やりたいことあるんじゃないの？」と言ったら、**「やりたいこと？　やりたいことなんてわかんないよ。やりたいことなんか、わかってりゃ、やっていますよ！」**と、そんなことを言われます。

あるワークで、やりたいこととか、欲しいものとか、それから好きなこととか、100個とにかく挙げてみよう、というのをやったことがあります。とにかく15秒ごとに一つ書く。15秒経ったら、「はい」と言われ、とにかく100個書く。もし書けなくても、そこでつまずかないで、次、次といく。15秒ごとに「はい、次！」「はい、次！」とやっていくのですが、そうすると空白だらけになってしまいます。

私もやってみました。自分でも驚きましたが、すぐに全然書けなくなります。みなさん、そうです。でも、書いてあるところをいくつかピックアップすると、共通点があります。

ですから私は、空白が多いことではなく、例えば、「書いてあるとこを見ると、みんなどっか旅行に行きたいって書いているよね」と話します。そこで、「本当は旅行に行きたいんじゃないの？」と言うと、「そりゃ行きたいですよ。世界中回りたいですよ」「えっ、それって夢じゃないの？」と言ったら、「えっ、それ夢ですか？」と驚くのです。

夢が何かも、もうわからなくなっています。「夢ってなんだっけ？」となっていて、なんか夜見るのが夢だ！ みたいな、そんな感じになっていて、本当にその「夢を持つ」

という意味が、よくわからないという人が多い気がしています。

◆夢の定義

夢の定義は、人によって、国によっても違うのでしょうけれども、寝ているときに見る夢もあるし、叶わないものを夢という人もいるし、アメリカンドリーム的な、確率は低いけど叶えるものという感じもあります。

私は、「夢」を**何か未来に向かって、自分が明るくなれる、ワクワクしてくるようなもの、そういう目標といったもの**と定義しています。

憧れとは、違います。憧れだと、「なれないけど、ああなるのってステキだよね」という感じで、他人事になりがちなところがあると思います。スターになりたいとか、ものまねするような感じではなくて…。自分がなりたい、なれるかもしれない目標みたいなものを「夢」と定義しています。

先程の若者は、旅行に行きたいなんて無理だと思っていたから、夢なんてない、と思ってしまっていたのです。まずお金がない。お金がなければいけるわけがないと思っていた。私が、「えっ、お金がないといけないの？」と訊くと、「だって日本の中だって、電車やバスや飛行機や、とにかく船でもなんでも乗るためには、お金がいるでしょう。チケット買わなきゃだめですよね」と即答します。

そこで、バックパッカー（低予算で個人旅行をする旅行者）の例を話しました。

「ああいう人たちってそんなにお金ないけど、現地で調達したり、寝泊まりなんかそこらへんでしたり、お世話になっちゃったり、食べるものがないときなんか、食べさしてもらっちゃったり。そういうことしながら世界中回っている人いるよね。だって世界旅行したいんだからさ、そこまでしたっていいんじゃないの？」と伝えます。

多くの人は、何か自分で枠をはめてしまっています。こういうものだとか、こうしてはいけないものだとか、**自分の一つの枠の中に入ってしまって、そこから抜け出ていない場合が多い**のです。

◆夢の枠を作るのは親？　大人？

その枠は、自分がつくっています。それはおそらく、親の教育や、日本の教育や、世間様だったりしています。でも、一番大きいのが親の影響だと思います。例えば、親が、子どもが小さいうちに、僕は将来こうなりたいんだ、ああなりたいんだって言ったりすると、「なに言っているの。おまえにできるわけないだろう。冗談じゃないよ。ふざけていないで、それよりも勉強して、いい学校入ることが大事…」などと言われてしまいます。

子どもにしてみれば、「別にそんなの、できる、できないなんて、まだわからない！」と思っているのに、親から止められてしまって、それではダメとなる。そういうものが、子どものうちに心の中に残ってしまいます。精神疾患になったり、鬱になったりした人の話を聞くと、大体は、子どもの時の、何かそういったもの、「自分はそうしたかったのに、できなかった」とか、「自由にさせてもらえなかった」とか、「いじめによって自分の殻に閉じこもっちゃった」とか、何かそういうことが心の中にあって、そこから抜け出せないというのがあるということが見えてきました。

私がコンピューターの仕事をやろうと思ったのも、**中学の時からボヤーンとした夢という感じで、コンピューターの仕事をしよう！というものを持ったから**です。そのためにどうしようと思ったか。例えばコンピューター、今では情報処理学科といいますが、情報処理という研究室がある学校を選んで、電気通信工学科に、情報処理研究室があったので、そこで勉強したいと思って入学しました。1年の時からコンピューターとか、ハードウェアもソフトウェアも勉強して、4年生の時には情報処理研究室でオペレーティングシステムという、コンピューターが動く基本ソフト、それの研究をして、それで会社に入りました。会社に入るときも、もちろんコンピューターのシステムがつくれる会社ということで選んで入りました。

結局、夢があったんです。大学選ぶときに、この学科があるからとか、この先生に学びたいから行く人は、昔というか我々の時代にはいましたが、今の時代の子は、入れる偏差値の学校の中で、就職に有利だとか、学費が安いところとか、家から近いところなどに行く子が多いようです。もちろん、そうではない子もいますが…。

私自身を振り返ってみると、自分がなりたいもの、こうしていきたいことを描いて、そこに向かっていくっていうことが、今まで生きてきた、生き方でした。

◆消極的退職と積極的退職

先ほども話しましたが、サラリーマンの後半、部下の悩みの相談に乗っていました。

私は、自分の部下の社員と、それから周り近所、隣の部署も含めて、毎週1回昼休みにセミナーを開くことにしました。みんな弁当持って来るように言って、会議室に集めて、みんなは昼飯食いながら、私が一人で話す、そういうセミナーを続けました。そうしたら、みんな喜んでくれました。なかには、個人的に相談したいというメンバーもいて、その後、セミナーを休止して、話しをしたいメンバーだけ集まって、昼にグループセッションみたいな形になりました。

意外と悩みが似ている人が集まったりして、その中で色々な話が出てきました。相手を変えることは難しいですし、まして会社の組織として変えられないことがあります。どんな仕事も雑にやれば雑用ですし、心を込めて一所懸命やれば立派な仕事です。ですので、個人の話として解決できる、自分の考え方を変えようとか、自分の見方を変えようとかという方向で話を進めていきました。要は、相手を変えるとか、組織を変えるのではなく、自分の脳というか、心の持ち方を変化させていくことで、鬱病的なものや、夢を持って生きることに対してうまく適応していくっていう自分になりましょう！というお話をするようになりました。

そうは言っても、いくら見方を変えたとしても、周りの人間が全然変わらなければ、結局、良くはならないです。どうしても、ここには居られないというメンバーも出てきました。その時に私が言ったことは、「決して、逃げないでほしい。今、嫌だと思っていることも、嫌なんじゃなくて、わかってくれない人たちがいるんだ。もっとわかってもらえるためには自分はどうしたらいいんだろう。それでもわかってくれないんだったら、私がやることはこれではなかった。もっとほかにあったんじゃないか。外にもあるかもしれない。外に探して、もっとやりたいことがあったら、そっちへ**積極的に転職する。もしくは積極的に退職する**」です。

この積極的退職とか転職が、意外と皆さんわかっていません。多くの場合、転職の理由の本音は人間関係です。社長と合わない、上司と合わない、先輩と合わない、後輩と合わない、同僚と合わない、とか…。とにかく、人と合わないから辞めたいという本音が多いです。それが結局、消極的転職。つまり、そこから逃げたい。人間関係から逃げたい。だから辞めたい。でも、そういう風に言うと、みんな、「あいつは、どうせダメなやつだった」と、負け犬みたいな感じになります。

ですから、「実は別の業種に行くんです!」と言っていても、本音は違います。問題ときちんと向き合って解決しようと努力したうえで、「本当に自分は、こういうことやりたい!」とか、「こういう風にしていくんだ!」という、ある意味、積極的に転職していくということのほうが大事ということを強く言って、**逃げない選択肢をつくってもらった**のです。

部下に会社に残れ！という話でもなく、その人がその人らしく職場で生きられる努力をし、でもやっぱり自分の会社と合わないという方がいたら、あなたの合う場所を探すために辞めるなり、見つけてから辞めるという、そういうステップをアドバイスしていました。

◆夢を続けるためにタイへ

ある部署の同僚から、「部下が仕事を引き受けすぎて、プレッシャーで会社に出て来られなくなってきて、家に引きこもっちゃった。なんとかしてくれないか？」と相談されました。「ちょっと会社へ出て来られるかな？」と会社の会議室へ呼び出して、２時間話しました。なんでそんなに引き受けてしまったのかと、何かあったんだろうと思って、ずっと訊いていたら、最後に子どもの時の話が出てきました。昔子どもの頃に、頼まれたことをやったら間違えて、みんなにいじめられて、それがずっと自分のいわゆる心理学的にトラウマになって、自分はどうしても人から言われたら、断れないと言うのです。

そこで、「でもさ、それ子どもの時の話で、今はもういいんじゃないの？　子どもの時の自分に大丈夫、もういいんだよって言ってあげよう」という話しをしました。そうしたら、「そうですね。もういいんですよね」と言って、ぱっと変わったんです。ですので、続けました。

「でも、何が本当はやりたいの？」

「システム開発がやりたいんです」

「じゃあ、今のまま続ければいいじゃない」

「でもね、岡田さん。僕こんな状態になって、すっぽかして、プロジェクトだめにして…。プロジェクトは、その後、他の人が加わって、改修しましたが、でもそういう大変な思いをさせてしまったのは、自分の責任が重い。そうすると、会社にいるとあいつはこういう奴だと、いつまでも言われ続ける。だから、僕は一から出直したいんです。ほかに探したいと思うんですよ」

「そうか、そういう意味で探すんだったらいいんじゃないの。じゃあ、あと何週間か休職期間があるから休んで、頑張ってみなよ。」

「わかりました。本当にありがとうございました」

こんなやり取りをして、もう来るときとだいぶ変わって帰っていきました。

それから１ヶ月ぐらい経って、またやって来て、実はタイでシステム開発をやっている会社を見つけてきたというのです。なんで、そこまで行くのかと思いましたが、日本の中ではみんな、知られてしまうとか、別のところで新たなことをやりたいっていうのがあるとのことでした。ただ、それだけではありませんでした。

実は、彼は結婚していましたが、自分も再婚、相手も再婚で、二人とも、ともに子連れで再婚していたんです。彼がプロジェクトをやっている間、夜遅かったりで、彼女も仕事しているから、そんな遅くまで起きていられないので、行き違いが結構あって、もう別れる寸前のところでした。でも彼は、私と話ししたあとに、自信をつけて、奥さんに「僕は今の会社を辞めて、タイに行きたいと思う」と言ったんです。今まではそんなこと言える彼じゃなかったのに、でもそれを言って、最初は奥さんに断られました。「なに、言っているのよ。あなたが今の会社に入っているから結婚したのに、辞めるってどういうこと？」みたいな感じで…。

でも、彼は決めたから行くと、断られても奥さんに言った。そのことも私に報告してくれて、「実はこういう話で、もう彼女には断られました。なので、僕は娘を連れて、二人でタイへ行きます。そこでやり直します」と言うんです。

11月に行くという話でしたが、10月ぐらいにまた来たんです。

「いや、実は岡田さん、彼女が一緒に行ってくれることになったんです」

つまり、今までは、自分のことを何も言えなかった彼、だから奥さんに言われても言い返せない。そういう状態の彼が、自分で言って、奥さんに反対されても意思を通した。変わったわけです。

その途端に奥さんも、「あら、この人変わってきた」。そこに付いて行くという選択肢になったのです。奥さんは当然仕事していましたから、辞めて行くわけです。そこまで決心しました。

それで家族4人でタイへ渡り、今でも、元気でやっているっていうことです。

◆私が独立したわけ

なぜ、独立したのかですが、私が現役のときに異業種交流会に行って、同じような悩みとかないのかなと思って、色々な会社の人と話をしました。ある大手の別の会社の人とも意見が合って、やっぱりその方も人事に掛け合ったんですけど断られて、仕方がないから自分でなんとかやっているっていう話をされて、「いや、お互い苦労しますな」と大企業の方は言っていたんです。そうしたら、もう一人別の人と今度話したときに、中小の社長さんは、「うちは一万人もいて、１００人も休職しているなんて大変なことなんですよ」と言ったら、「うちは問題ないよ」とおっしゃるんです。「だってさ、うちの社員なんかね、鬱病になったらさ、会社へ出て来られないじゃん。会社へ出て来られなかったら給料払えねえからさ、辞めちゃうんだよ、みんな」と言うんです。「しょうがねえよ、おまえらみたいな大企業はいいよ。俺ら中小はさ、そんなわけいかないんだから。もうやってもらえる人にお願いしてやってもらうしかないんだよ。もうだめな奴は辞めてくしかないんだよ」

これでは、こんな人手不足だ（当時）と言われている時代にどうするんだろう？　このままだと、中小の会社が成り立たなくなってしまう。

私は、大企業の自分の周りの人たちを助けよう、なんとかして鬱にならないように、精神疾患にならないようにしようと思っていました。でも、本当はそうではなくて、**中小の社員の人たちを元気にしないといけない**と思いました。日本は中小企業が多い、比率的にも高い。そうすると、その人たちが働けなくなるということは、企業も成り立たなくなる。そういうことは、とんでもない話だと思って、これは逆に社会貢献ではないか、そこで急に自分の生きがいを見つけてしまったんです。**夢を見つけてしま**

ったんです。それで、サラリーマンを元気にするぞ！と思って独立しました。

だから、サラリーマンサポーターなんです。

最初、独立しようと決めたときに、ある会社、新入社員研修とか、マネージャー研修とかやっている会社に、私がこういう研修をやりたいと話をしたら、「それいいね！」と社長が言ってくれ、これはますますいいぞ！と思って、独立の後押しをしてもらいました。

第2章　あなたは、何が欲しいですか？

◆「心」の構造をコンピューターに変換

私はずっとシステム開発をやっていましたので、コンピューターの内部構造を知っています。人の五感と悩との働きを、コンピューターと比較してみたところ、入力は、いわゆるコンピューターの場合にはインプットとして、昔はカードリーダーなどがありましたが、今は大体スマートフォンがあります。手で操作したり、キーボードで入力します。そんな入力があって、脳と言われる部分コンピューター装置、ＣＰＵと言われていますが、そこで処理して、記憶装置、メモリーがあって、そこで記憶をして、それで出力はアウトプットとして印刷したり、画面に表したりしています。

人間がやっていることも、五感でインプットして、脳に電気信号で送って、脳の中で処理をして、また五感でアウトプットしていくってことをやっていると思います。

ここで、キーになってくるのは、脳の上にある仮想空間。

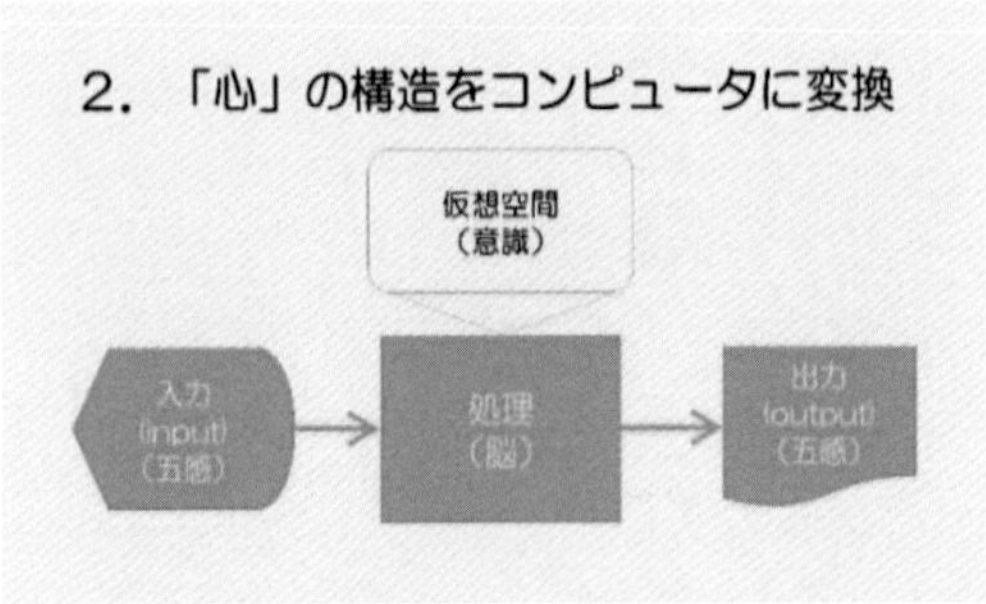

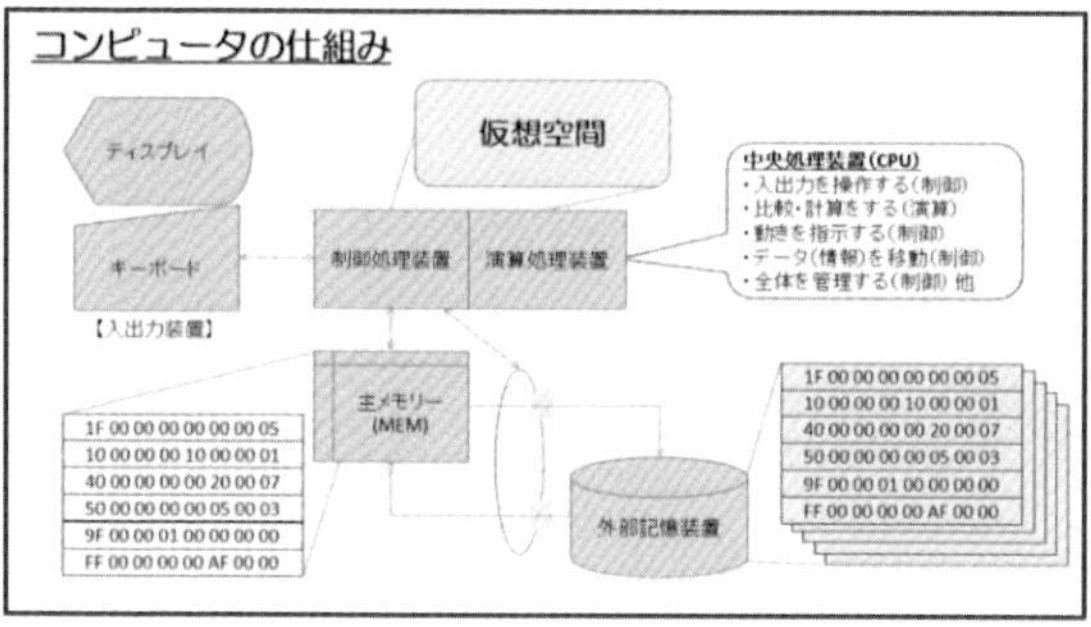

図の中に、仮想空間と書いていますが、実はメモリーとかＣＰＵというのは、信号というか、電気が流れているだけで、そこに映像があったり、何か動いているのではないわけです。人間も脳科学の話を聞くと、脳の中はシナプス（神経情報を出力する側と入力される側の間に発達した、情報伝達のための接触構造）などがあったり、色々な細胞があって、電気信号をやり取りしていますが、別にそこに絵が描けているわけではないし、何か動いているわけではありません。

つまり、イメージ情報を自分で想像しているわけです。難しい話をすると、**「見ている世界というのは、現実にあるかどうかわかりませんよ」**と、よく脳科学で言われていて、それはあなたの脳がつくり出しているイメージです。だから、**「人が同じように見ているとは限りません」**ということです。動物と比較しても色の具合が全然違ったりとか、モノの形もちょっと歪んで見えたりとかあるらしいです。それと同じように、コンピューターも電気信号が入っているだけで、何もそこにあるわけではありません。でも、入ってきたものをプログラム処理して、出たときには絵が描かれたり、文字が打たれたりしているわけです。ということは、そこにイメージ情報としての仮想空間があるのではないか?ということです。ですから、コンピューターでもそういうことをつくり上げている仕組みがあります。コンピューターの仕組みがこの図(前頁)です。

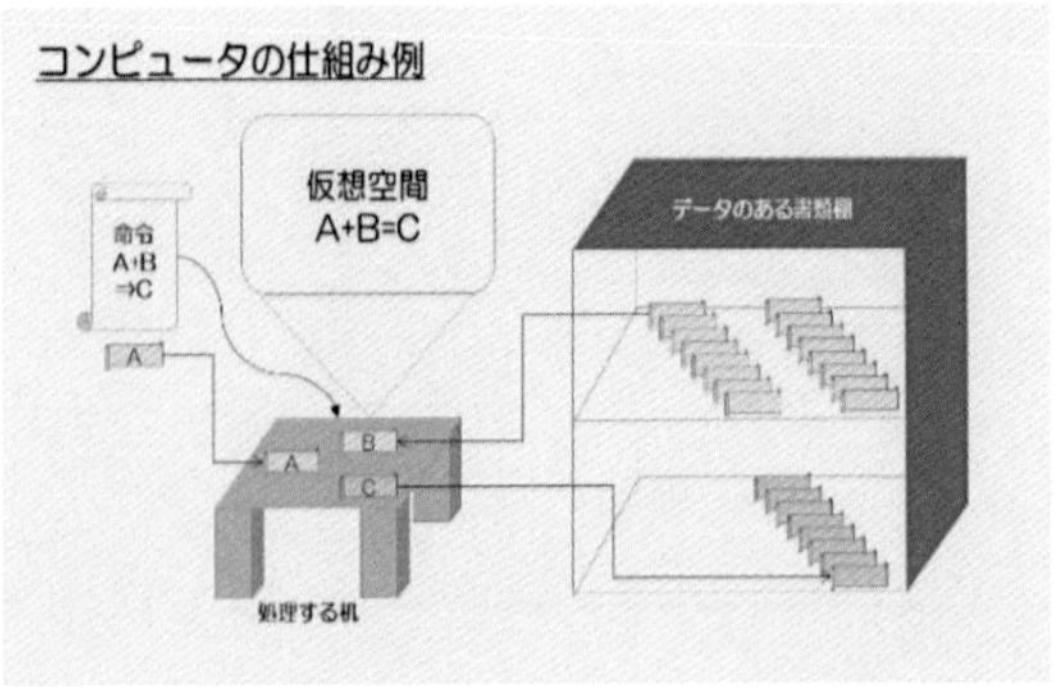

そして、その仮想空間で作られたデータを保管しているのが書類棚(上図)です。仮想空間があってインプットされたデータを整理して書類棚を分けています。

ここの分け方も自分の特徴があるし、アクセスしやすい書類棚と、アクセスしにくい書類棚があったり、ごちゃごちゃになっている書類棚があったりします。人それぞれ整理の仕方が違います。

◆心の３要素

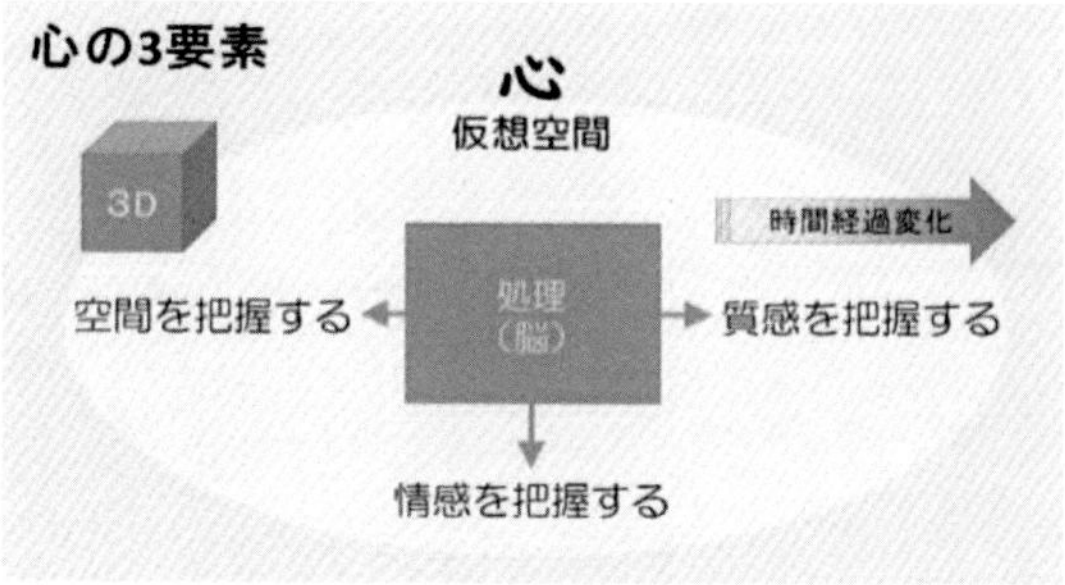

次に、人間の「心」について、見ていきましょう。感情の部分、嬉しい、楽しい、悲しいなど、喜怒哀楽の部分、そこが「心」だと思っている人がいますが、今の仮想空間の考え方からすると、この見ている空間、三次元の空間にしても、縦横高さがありますので、それもつくり込んでいるわけです。そして、それが認識できるのは、時間と共に動いたり、時間と共に動かないで固定的になっているから、ここにこういうものがあるんだと認識ができるわけです。つまり、縦横高さの立体空間と、それから時間の経過によって、それが動いたり動かなかったりする、その時間の経過に基づく変化、それがあって、それに対して自分の感情、喜怒哀楽が加わって心と言われるのではないかと思っています。

ですから、**感情と心は同一ではない**ということです。感情は心の一部です。三次元空間を認識することと、それから時間の経過と共にその質、例えば硬いものだとか、柔らかいものだとか、動くもの、動かないもの、そういった一つひとつの質感がありま す。時間の経過と共に変わったり変わらなかったり、その時間というもの、それを把握しているものがあるわけです。例えば、景色を見て、きれいだなと思う感情が湧く、でも、山で見るのと海で見るのとでは違います。

感情だけで、嬉しいとか、嬉しくないとかになりますか？ 究極分ければ快と不快の二つになるとして、快のなかでも山で見る景色だとか、人と会ったというのでは情報源が違います。さらに、朝見る、昼見るとか、そういうものを心の中で描いているもののトータルで心と思っています。

では、感情が心の中で、大きな位置を占めているという事でもないのです。三次元空間とそれから時間軸に基づく変化、さらに感情の動きのバランスが取れている状態が、一番平安な安定した状態です。

それが**一番人の心が安定しています**、ですから、心が安定しない人は、その見方がおかしかったり、時間経過と共に捉え方がおかしかったり、それから喜怒哀楽の感情の起伏が激しかったりと、バランスが崩れたときに、ちょっとおかしいんじゃないかっていう状況が起きているわけです。

同じ状況が起きても、ＡさんとＢさんで違った思い方をすることが多々あります。嫌だなぁと思うのは、みんな思うかもしれない。嫌だなぁまではみな等しく思うけれども、嫌だなと思ったあと、爆発する人間と、嫌だなって思ったあと、仕方がないよって思う人間がいます。それが心の持ち方のそれぞれの違いです。

ですから、感情が出る前でも、まず捉え方、現実をどう捉えるかというのは、人それぞれです。見方によっても違います。真正面から見ているのと、横から見ているのと、それから時間の経過と共に、流れや過去を逐一見ていく見方と、その瞬間だけ見ている見方では違います。さらに、どの視点からどこに焦点を当てているかでも違います。ですから、その人は主体的に、心を自分が選んでいるわけです。

◆心は物理現象

この、心の安定と心の不安定は、意外かもしれませんが、物理現象と捉えることができます。数学ではないので方程式はありませんが、例えば、水は高いところから低いところへ流れていきます、モノも高いところから低いところへ落ちます、これは重力があるから、引力があるからです。色々なことで、そういう現象が起きています。私は心も同じだと思っています。ですので、物理現象と同じようだと思っています。

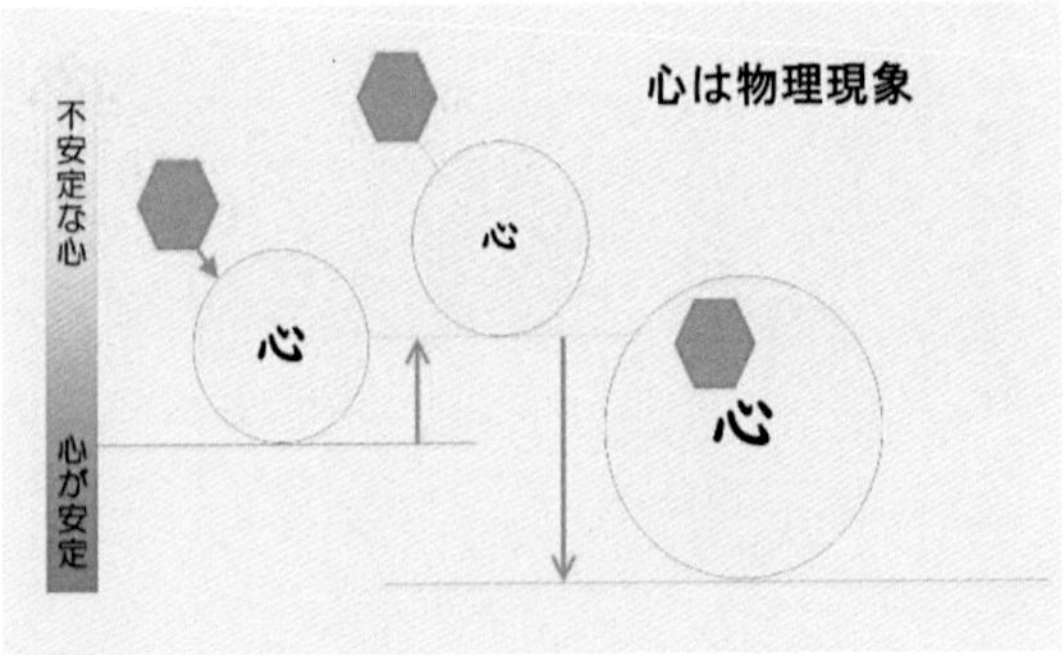

心も安定した状態のとき、これは安定していますので、動かないです。

でも、外から刺激が来たとします。

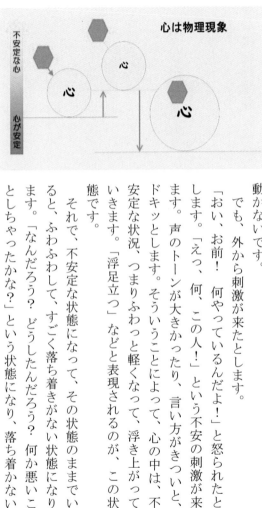

「おい、お前！　何やっているんだよ！」と怒られたとします。「えっ、何、この人！」という不安の刺激が来ます。声のトーンが大きかったり、言い方がきついと、ドキッとします。そういうことによって、心の中は、不安定な状況、つまりふわっと軽くなって、浮き上がっていきます。「浮足立つ」などと表現されるのが、この状態です。

それで、不安定な状態になって、その状態のままでいると、ふわふわして、すごく落ち着きがない状態になります。「なんだろう？　どうしたんだろう？　何か悪いことしちゃったかな？」という状態になり、落ち着かない状態です。安定していないわけです。

その状態から、実はそれにどういう意味があったのかということがわかったり、そういうことを言っていたんだ、自分がさっき間違えていたんだー、などとなります。そして、「なんだ、間違えていたってことだったんだ」と気が付いて、「すいません、間違えました」と謝る。「わかって、くれりゃいいんだよ」となり、「ありがとうございます」となる。そうして、解決して、「よかった」という状態になったときに、その状態が全部自分の心の中に経験として取り込まれる。そうすると、安定した状態に戻り、そして情報が増えて前よりも安定した状態になります。

それが、前頁の図です。色々な状況が起きて、心の外から刺激を受けたけど、それを理解して自分のものとして心の中に入ってきたことによって、心が以前より大きくなり、以前より安定します。心とは安定からスタートして、不安定になっても安定に戻ろうとします。

ですから、必ずそのフラフラした状態から、また元以上に安定してくるということでもあります。その刺激を与える人、周りに影響力を及ぼしている人たちがいるわけです。例えば、子どもにとって最初にその影響力を及ぼすのは、お母さん、お父さん、そして兄弟。それからお祖父ちゃん、お祖母ちゃんとか、周りにいる人たちです。そういう人間たちの影響を受ける。でも、その人たちの考えていること、それから思っていること、それに自分でも納得して、自分の中にもそういうものが取り込むことができて、自分も同じような共感を得ることができると、どんどん自分の心を、大きくすることができます。

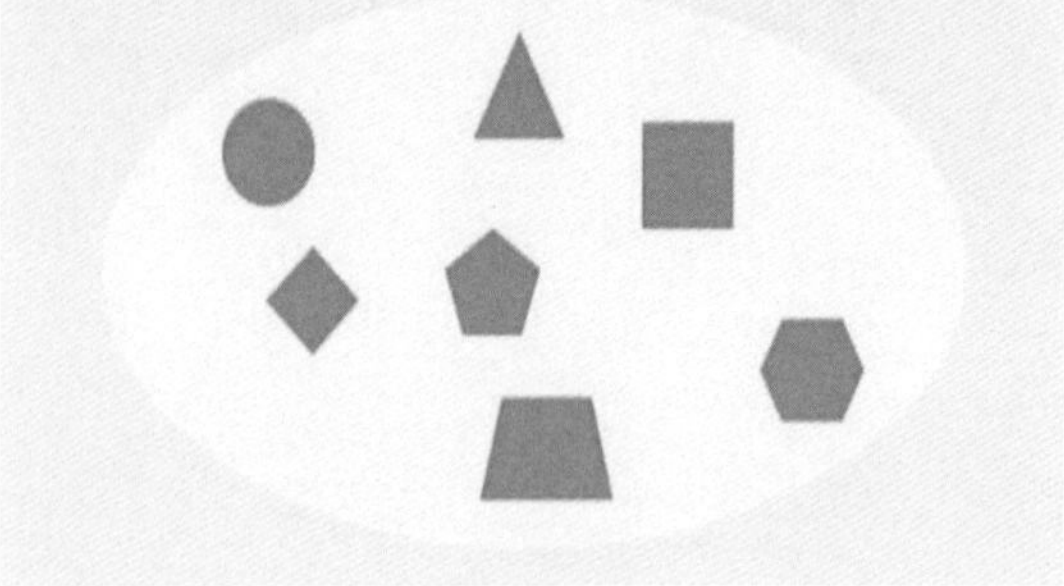

心の中には過去に出会った様々な人格がいる

　そうすると、モノというのは小さいうちは浮きやすいですけれども、大きくなると安定してどっしりとしてきます。それが実はその円がだんだん大きくなっていく、色々な人の考えとか知識、経験などを取り込んでいくことによって、その人の心の安定性が増してくるということです。

　このバラバラだった刺激や人が、心の中でつながっていって、安定していく、このつながり方も自分で選んでいる、処理の仕方で時間と共にそれが変わります。「昔、こんな嫌だったことが、10年経ったら、あれがあったから、今の自分がいるんだ」と思えたら、これが心の安定した状態になるし、「なんだよ、嫌な思いしたな。思いだしたくもない」ときは、取り込めていないので、まだ不安定な状態です。足元がどんどん固まっていっているのが、左の図です。

　その心の処理は、どうして起きるのかというと、先ほどの仮想空間のつくりを自分がつくれるからです。誰かがつくっているわけではなくて、自分が自分でつくっているから、自分で演算機能で処理さえすれば、自由自在になるわけです。

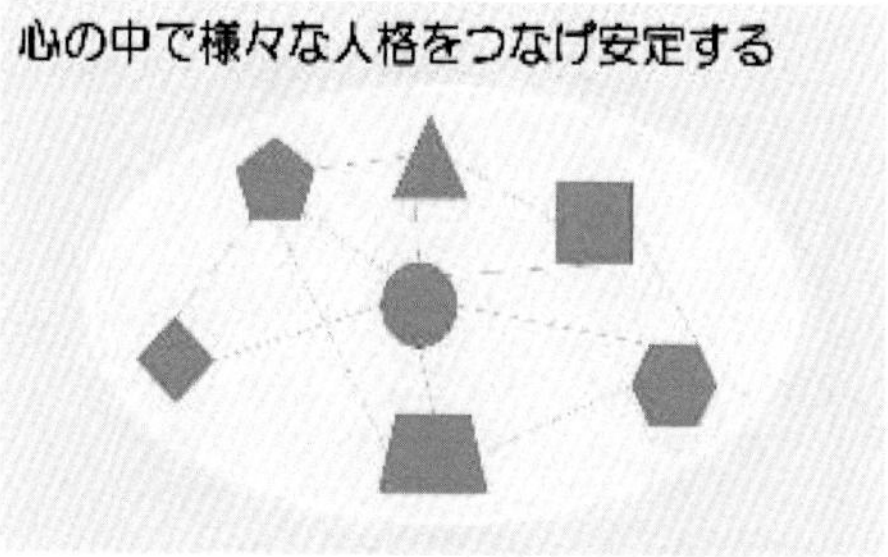
心の中で様々な人格をつなげ安定する

心の中で様々な人格を密につなげ更に安定

　処理できないと、不安な状況が起きる、不安定になる。そこで、なんなんだろう、なんであの人とうまくいかないんだろうと考えたりする。その原因を探る。それをしなければ、そのまま遠ざけた状態、細い糸で結ばれて繋がったままだけれども、拒否しているような状態です。その場合は、安定しているように自分を誤魔化しているだけです。何かきっかけがあり、それを知ることができれば、それによって自分の心の中へ取り込み、安定状態をつくることができるわけです。

◆無かったことに出来ない

心の安定を目指すのであれば、長い目で見れば、なかったことにするのは、良くないことです。人間の脳は、あったことをなかったことにはできないです。人間は、知ってしまったものをなかったことにしようとして、忘れようとしますが、ここに細い糸がつながっています。細い糸がつながっているから、何かのきっかけでそれがキュッと思い出されるのです。「ああーやだー、この状況なんか前にあったな」と思い出します。そうすると、いつまで経ってもそれが引っかかってしまいます。

経験したり知ってしまったことは、もうどうしようもないのです。一回忘れたような感覚になっているだけで、何かのときに思い出してしまいます。第一章で、いくつか事例を話しましたが、まさに子どもの時の経験が、その人を何かおかしな行動に駆り立ててしまっているということでした。子どものときから、それを嫌だ！と思っていても、子どもの時のことですから奥の方にしまってあったわけで、大人になって仕事して、20代、30代になって、そんなことずっと忘れていますから、ポーンとやってしまったわけです。だから私が聞き出すまでは、本人だって忘れていたんです。でも、聞き出していったら、そう言えば、細い紐についた、この出来事があったと思い出したわけです。それを、「もう子どもの時の話で、今はどうってことないでしょう」と伝えると、「そうだな、あれはどうってことなかったんだ」と自分の心の中に取り込んだ瞬間に変わったわけです。

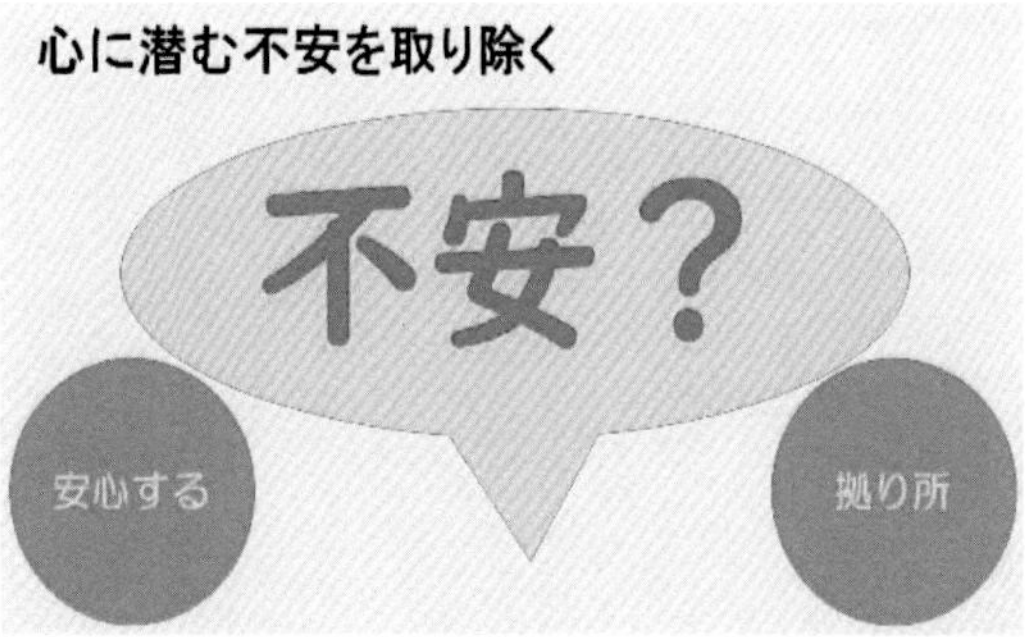

　取り込んでいないときに、例えば30年経って、お仕事で無意識のうちにそれが反応していて、演算機能が働いていて、嫌だったという思いがあるので、**隠れた演算機能があって、トラブルになっていく**。「あっ！」と気が付いて、それを許せるというか、心の中に取り込んだら、また安定になって、そうしたら詫びるという状態になった。要は心は安定したわけです。

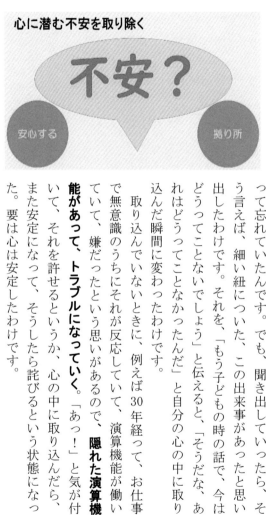

心が安定するから次どうするかっていう選択（チョイス）が生まれます。彼の場合、会社に残るという選択肢もあるけれども、新たな環境で再出発したいと思えた。そうしたら今回の場合は、奥さんも付いていきて、タイへ行った。

これは独りでは、気が付きにくい。だから、みんな気が付かないで、「自分は、なんでダメなんだろう」と責めています。人は、そういう時に拠り所を求めます。昔だったら、「占い」に行って、「俺は、星が悪かったんだ」、「これは運が悪かったんだ」、「今日は日が悪いからだ」などと、何かに理由を求めて自分を納得させて、心の安定を求めますが、真の完結にはなっていないのです。

◆拠り所が陰陽師から西洋科学へ

この拠り所が日本では変化しています。昔は、映画にもなっていますが、陰陽師（オンミョウジ）です。

※陰陽師：飛鳥時代以降の日本で設けられた官職の一つ。中国を起源とする陰陽五行思想に基づいて陰陽道があり、それを活用して律令規定を維持・運営するための専門職が「陰陽師」。

後には政治の領域にとどまらず、占術や呪術、祭祀（さいし）をつかさどるようになった。

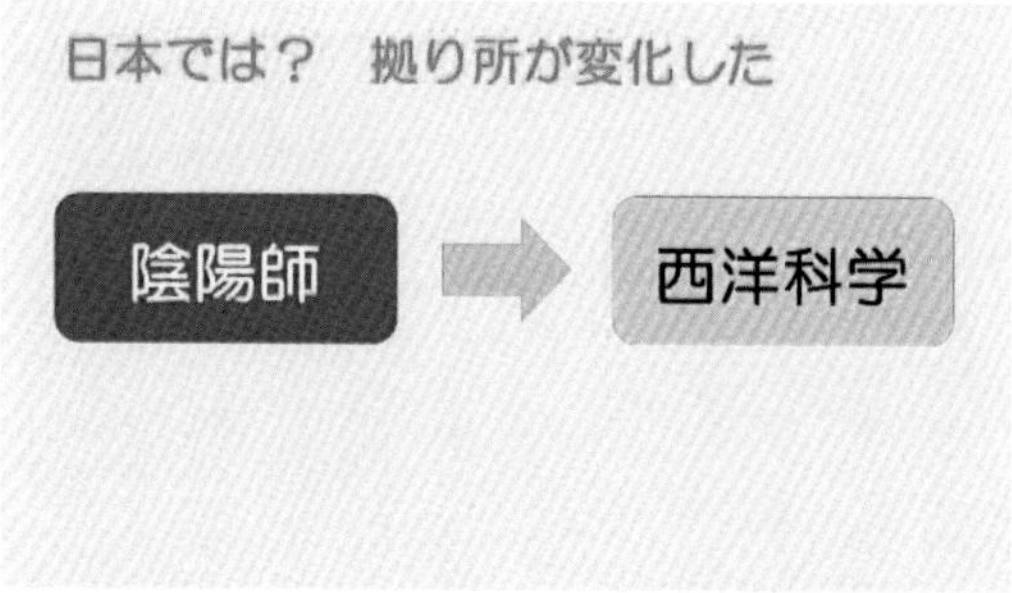

先日、陰陽師がどういうふうに誕生したのかというのをテレビ番組でやっていましたが、**陰陽師も実は科学的なのです。**平安時代というか昔の時に、誰もが、天変地異はなぜ起きるかがわからなかったわけです。でも、陰陽師は天体観測をしていました。つまり、星の動き、月の動き、月の満ち欠け、それから日食・月食、さらに、どういうふうにして天体が回っているか、それを観測していたんです。もちろん観測だけでなく、多くの古人が残した過去の文献を調査・研究をして学んでいました。そうすると、そろそろ日食が起きるぞということを当てたりしました。

昔、そんなこと当ててみたらすごいでしょう?

「えー、月が欠けるって言ったら、本当に欠けたよ」とか、「日が陰ると言ったら、本当に日が陰った」「これは天の怒りかと思ったら、あいつは当てた」とか、そういうのを言い当てたのが陰陽師。つまり、それだけの信頼を得て、天皇家の占いをするようになったわけです。それで、色々な呪文とか韻を踏むとか色々な難を逃れる方法を編み出して、ずっと江戸時代まで、代々天皇家に仕えていました。明治になる時に、西郷隆盛たちが、天皇を江戸に移そう、つまり、天皇を江戸城に、明治政府を開くには、どうしても天皇が京都に居たのでは具合が悪い。それで移そうとしましたが、江戸時代までは天皇が外に出るときには、陰陽師が韻を踏んで歩いていくという歩き方があって、それで先導しなければならない。そうしないと、邪気が祓われていかない、そういうことをやっていた。ところが、京都から江戸までそれをやっていたらいつまで経っても、東京に着かない。そんなのは冗談じゃないと、ここでなんとか変えないといけない、そこで入ってきたのが西洋文明、西洋文化、要は、産業革命以降の科学です。明治政府は、それを使って、これからは科学の時代、全ては科学万能の時代だ。だから占いとか、陰陽師とか、そういうものではない、全ては科学によって解決できるという方向にしていきました。それで、日本も西洋化し始めて、戦後ますますそれが強くなってきて、逆に、科学万能信仰になってきています。最近の人は、科学は絶対正しいみたいな感じも出てきています。

でも、陰陽師も占星学、宇宙的な科学なんです。そこのところを、人としての権威を得るために占いのような見方に変えてやっていたわけです。

◆宇宙は全てが循環している

天体観測をやっていると、繰り返し出てくる、宇宙は全てが循環していることがわかります。いくら陰陽師が天体観測をやっていたとしても、当てるというには、それが巡り巡ってまたくる、循環しているから、当たるわけです。

ですから、過去にどういうことがあったかということがわかれば、これから先どういうふうになっていくだろうということもわかるわけです。ということは、天というのはグルグル回っているわけです。例えば太陽の周りを地球が回っています。地球の周りを月が回っています。でも、太陽も銀河系の中では回っています。そして銀河系も宇宙の中では回っている。全てが循環しています。そういう循環の中にあるから、**全ては繰り返し起こっている**。でも、同じところへ戻るわけではないです。同じように回っているけれども、また次のところへ上がっていく。そして、また次のところへ上がっていくという形の、いわゆる螺旋階段状に循環しています。上から見ると同じ場所に見えるけれども、同じようなところを通って螺旋状に発展生成、成長しています。

これが宇宙の真理だと思います。ということは、人間も宇宙の真理であれば、宇宙の一部だから、同じように回っているということになるはずです。

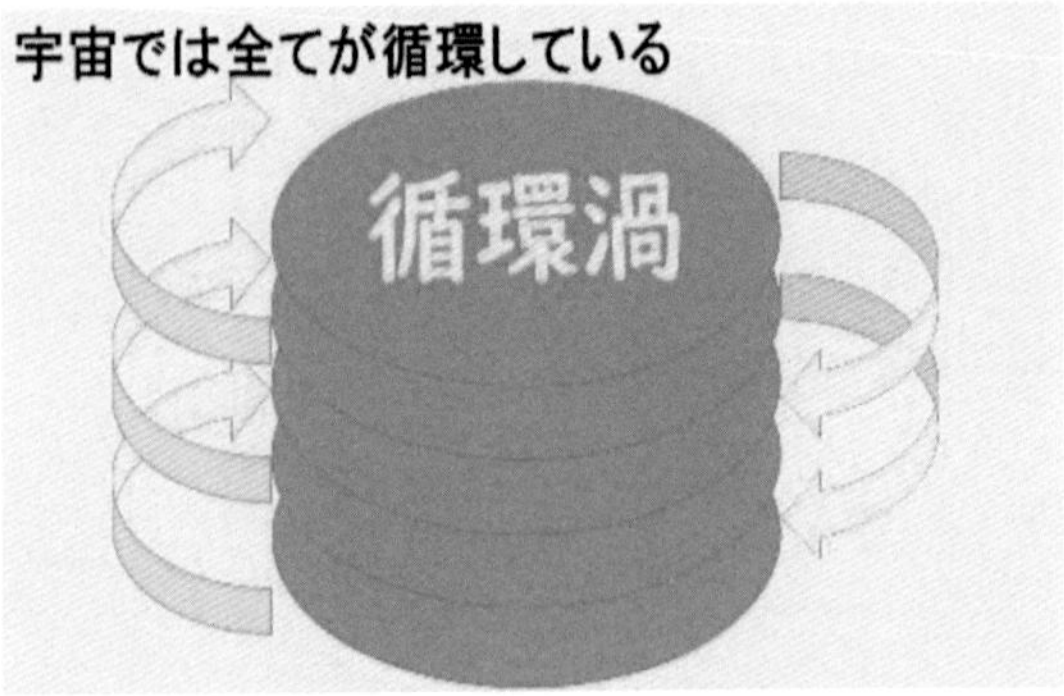

◆人生の循環図

「人間の循環図」ではありませんが、人間がこの循環で皆さん動いていますよという「人生の循環図」（CEAFサイクル、国際サイクルマップ協会が作成）というものがあります（私は、グランドマスター講師と副代表）。

この循環のスタートは、左上の「現実」です。まず、現実がある、今のこの状態があります。そして、それを認識する。五感から情報を入れて、脳で認識して、そして心の中で感情がある。例えば、コップの中に水が半分入っている現実があって、それをプラス思考で認識すると、コップに水が半分も入っている。そう思うと気持ちは上がりますよね。

気持ちが上がれば前向きになって、行動もポジティブになってくる。ポジティブに行動すれば、現実は変わって良くなっていく。そして、良くなれば、うまくいったと、またそれを認識する。そういう認識から心もワクワクしてくる。そして行動もさらに良くなっていく。この循環になるわけです。

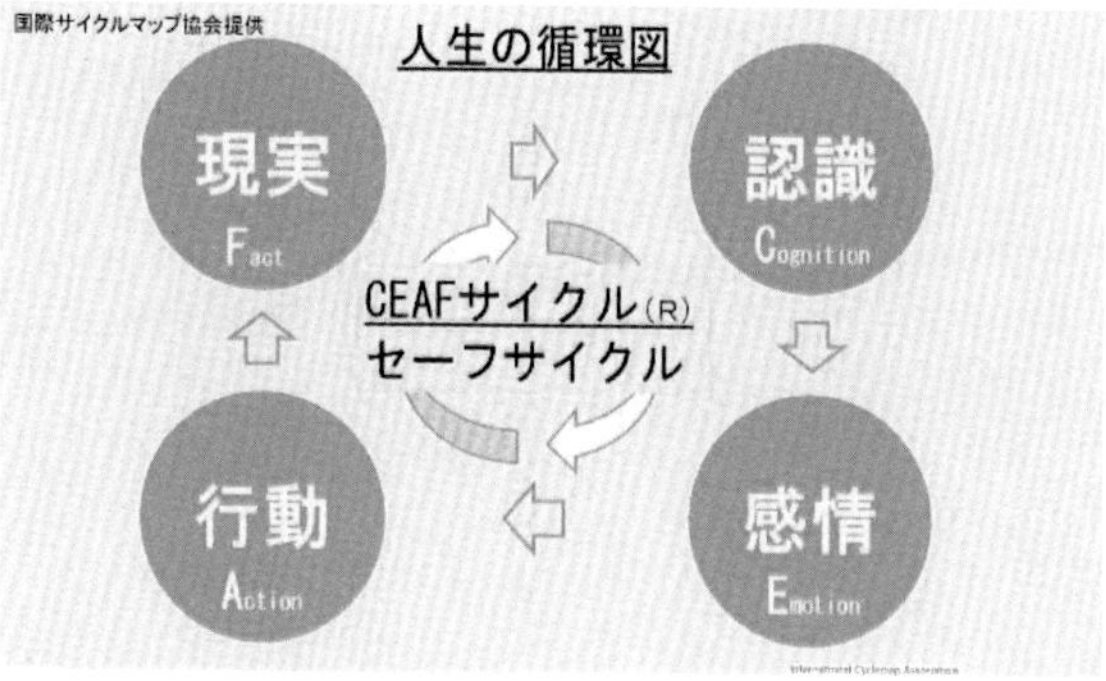

ところが逆もあるわけです。コップの中に水が半分しか入っていないと思うと、気持ちは下がっていきます。気持ちが下がると、ネガティブになるので動けない。動けないとやめようかなになる。やめようかなになったら、現実は変わらない。ああ、ますますだめだという状況に陥る。

では、**この循環の中でキーとなるのは？……一見、認識と思われますが、感情なのです。**

なぜかを見ていきましょう、一般に世の中では、「認識を変えれば気持ちが変わる」と言います。気持ちが変われば、行動が変わるのだから、認識を変えましょうとよく言われます。だから、自己啓発セミナー系に行くと、「コップの中に水が半分入っているのを、どうあなたは認識しますか？　ほらね。水が半分しか入っていないって認識したでしょ。だから、あなたはうまくいかないんです。コップの中に水が半分も入っていると認識しましょう」と言うわけです。でも、「認識しましょう」と言われても、「だって半分しか入ってないじゃん。それじゃ、そう思えばいいんでしょ」となります。

ここから処理を変えましょう。演算の仕方を変えましょう、見方を変えましょうと言われても、人はなかなか見方は変わりません。

◆心の変え方

では、どうやって、変えようとするか、そのときに心の変え方ですけれども、変えようと思っても、事実を曲げることはできない。どうするかと言えば、

「いや、半分しか入ってないかもしれないけれども、でもそのままで君はいいと思う？」

「悲しいって今思ったかもしれないけれども、悲しい気持ちでずっといたい？」

「いやいや、悲しい気持ちではいたくないです。もっと楽しく幸せでワクワクする気持ちになりたいです」

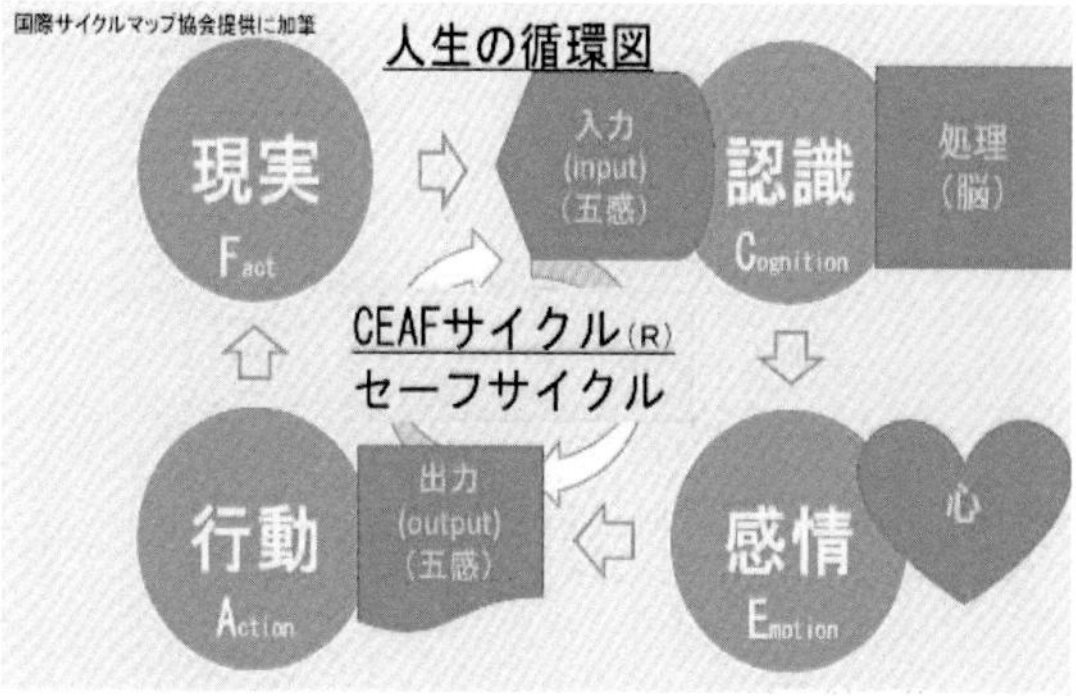

「そう思いますよね。じゃあ、その気持ちになるためには、これをどう見たらいい？」「それは水が半分も入っているでしょ」

「あれ、見方変わったよね」

　つまり、心の自分がどういう気持ちが欲しいかによって変わってきます。だから、心の気持ち（感情）が変われば、見方も変わる。見方が変われば、当然行動も変わる。行動が変われば、現実が変わってくる。なので、キーは感情、心のところなのです。

　ですから、このサイクルマップのスタートラインは感情→見方→行動→現実となります。ところが人生の循環図は認識→感情→行動→現実となっている。ＣＥＡＦという頭文字を取って、セーフサイクルと呼んでいます。これはこの循環で人生は回っているということです。

では、この循環で回っているのですけれども、その循環をポジティブに変えていく、良くしていくためのキーワードはどこかって言うと、感情、気持ちです。

喜べない人は何が欲しいかなのです。心の気持ちとして、水が半分でも、喜べと言うけど、喜べないよと思った人は、「なんで半分で喜べないのかな？」を考える。でも、あなたの欲しい気持ちは喜びたい、嬉しい、そういう気持ちが欲しいわけです。人生うまくいくなら、そう思いたい。

それで、「私は喜びの気持ちが欲しい、ワクワクしたい、楽しくなりたい、幸せになりたいと思います」となったら、

「じゃあ、そういう気持ちになる見方はどういう見方？」っていうふうに訊きます。

「その気持ちになるのは、それは当然たくさん水があるなって見方でしょ」となる。

「あれ、さっき半分しかないって言っていなかった？　でも気持ちで変わったでしょ」と、気持ちが変わると見方も変わるっていうことです。

つまり、現実は求めるものが、これが変わるわけはない。でも、その見方を変えるためには、心の欲するところを変えることが先です。

◆人は幸せな気持ちを欲している

「心を変える」という方向ではなく、「どんな気持ちが欲しいか」という訊き方です。例えば、「〇〇さん、何が欲しいですか？」「ウイスキーが欲しいよ」「ビールが欲しいな」と言うのと同じように、自分の気持ちの中で何が欲しいか？と問うのです。

それは大体、快・不快で言うと、快のものが欲しいです。不快なものは欲しくない。先日、「悲しい気持ちだって欲しいですよ」と言われました。「なんでですか？」と訊いたら、「親が死んだとき、やっぱり悲しい気持ちが欲しいです」と言います。そりゃ、そうかもしれません。親が死んだときは悲しい気持ちが欲しい、というのはわかります。「でも、それ一生続きますか？　それは親が死んだときだけですよね。そんな一生涯悲しんでいるわけですか？」と訊くと「いいえ」と答えます。そこで改めて、「でしょう。じゃあどんな気持ち欲しいんですか？」と訊いたら、「それは幸せな気持ちが欲しいです」になります。一時的には、悲しい気持ちが欲しいこともあります。そういう人でも、一生涯、その気持ちを持ち続けたいとは思っていません。

人は、一時的に、悲しい気持ちとか、辛い気持ちとか、例えば、人から変なこと言われたときに、腹が立つとかということがあります。でも、そんなことが一時的にあっても、ずっとその気持ちを持ち続けたいと思っているわけではなくて、本当に欲しい気持ちというのは、やはり、プラスのポジティブな気持ちが欲しいわけです。

夢に向かっていくときには、その心、気持ちが本当に大事だと思います。ここで、出てくる気持は、「志」となると思います。志には心に思い決めた目的や目標という意味もありますが、私は志というのはある方向を目ざす気持ちであり、推進力だと考えています。だから、「私は○○という志で○○を達成します（夢を叶えます）。こういう世の中にします」ということにつながると思います。そういった意味では、夢と志というのは、人生において大事な自分で持つべきものだと考えています。

◆脳の持つ性質

実は、脳の性質が思考に影響します。その性質に、「自動発見装置」とか、「自動実現装置」と言われるものがあります。

「自動発見装置」の分かりやすい実験があります。例えば、絵を見せられて、「この中に黒いものがいくつありますか？ 数えてください。10秒のうちにたくさん数えたら、ご褒美あげます」と言われたら、どうします？

一生懸命数えませんか？　数えますよね。例えばそれで、「いくつありましたか？」と訊いて、「10個ありました」と答える。そこで、目を閉じて「今、金色のものがいくつあったか数えましたか？」と訊かれたら…。数えていないですよね。

つまり、脳というのは意識したものを探す、発見するという性質を持っている。だから、外に出て歩いているときに、一生懸命何かを探しているときに、友達が向こうからやって来たのに気が付かないで、「おい！」って言われて、「おっ！」となることなんてありますよね。

目には見えているはずです。でも、気付いていない。つまり、脳が勝手に除外しているわけです。つまり、**意識したものしか見つけようとしていないという性質を脳が持っている**。だから、意識した情報は、目に入って脳は認識します。意識していない情報は、視覚として目に入っても、脳がそれを処理していないという性質があるわけです。従って、**見ていても見ていない、そういうことは、よくあることです**。

要は、好きなもの、意識して選んだものしか見ていないということで、意識していないものはあると認識できないということです。例えば、契約書や説明書などみても、「あれ、そこに書いておいただろ」と言われて、「えっ、そうですか？」となって、意識下にあがって、「ホントだ！」となることがありますよね。見ていない。目に入って見ているけれども意識していない。脳にはそういう性質があります。

「自動実現装置」にも実験があります。例えば、「目の前でピンクの象をイメージしてください。イメージしながら、そのピンクの象を消してください。イメージしながら消すんですよ」と言われても、できないですよね。

それはなぜかと言うと、**脳はイメージしたものを実現しようとする**のです。そういう性質を持っています。ですから、ピンクの象を…と言われていると、ピンクの象が浮かんできてしまいます。それを消すためには、別のものをイメージするか、イメージすることをやめるか、消すことをイメージしないと消すことはできません。

消すよりは、新しいインプットのほうがいいのかもしれない、早いかもしれません。この性質を使っている

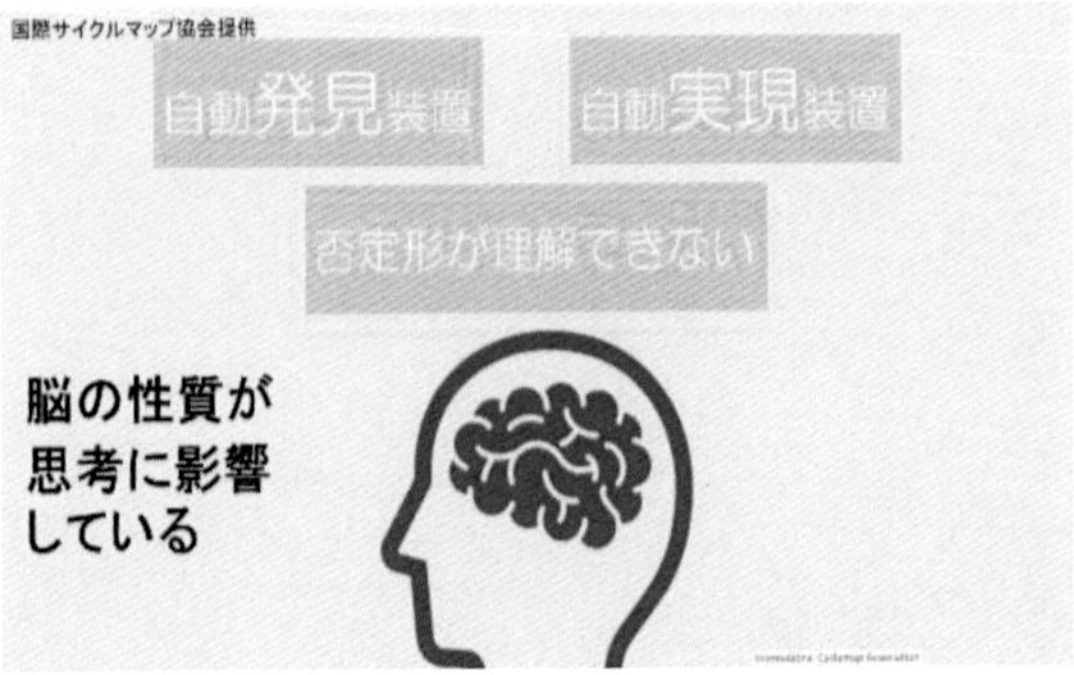

のが、実はイメージトレーニングです。だから、スポーツ選手は、うまくいったときの状況をイメージしながらトレーニングしていれば、成功するってよく言われるトレーニングです。

もう一つ、脳の性質には、**「否定形が理解できない」**というのがあります。「俺はだめじゃない、俺はだめじゃない」と繰り返していると、だめになってしまう。「だめじゃない」の「だめ」が入っていきます。ということは、いくら「…じゃない」と否定しているにも関わらず、「だめ」が入ってしまうので、「自分はだめだ、だめだ」と言っているのと変わらないのです。

これを使っているのがアファーメーション。**アファーメーションはポジティブな言葉しか使ってはいけませんというルールになっています。**「私はできる。私はできる。大丈夫。大丈夫」と言えば頑張れる、だから、そうやっていきましょう！とやるわけです。それは、脳が否定形を理解できないという性質を持っているからなのです。

◆何を描くかは、その人次第

これまでお話ししてきたように、人間の持つ脳は、個人の問題ではなくて、人類が持つ脳の性質を理解した上で、言葉や感情や行動を全部自分でコントロールする。

「見る」でいうと、目では眼球の眼ではなく、眼はもちろんありますけれども、カメラで言うと、カメラのレンズであって、処理する脳も重要なわけです。目で見た情報の信号が網膜に映って、その信号が脳へ行き、先ほど言った仮想空間に、何を描くかはその人の脳が処理しているわけです。これを見たいと思ったら、それを探す。なので、外で何か探していると、そればっかりピックアップして、そこへつくり上げる。あれがあった、あれがあった、これがあった、あっちがいいか、こっちがいいかとやっているときに、人が現れても、処理しない。

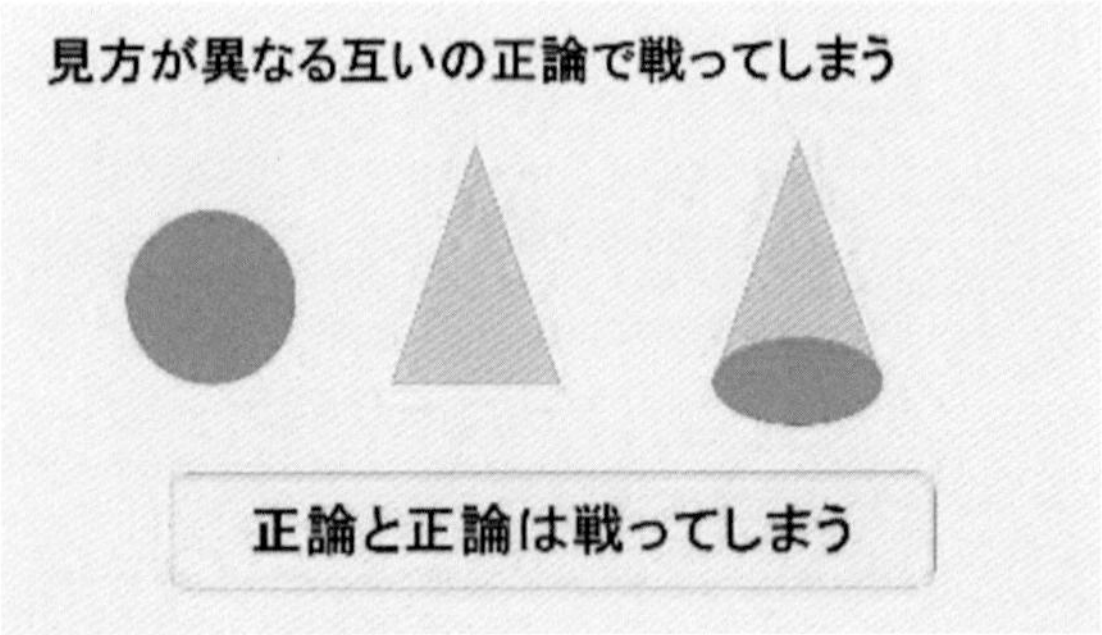
見方が異なる互いの正論で戦ってしまう
正論と正論は戦ってしまう

新聞のチラシなんかそうですよ。部屋借りたいと思っていると、部屋のチラシばっかり目に入るし、電気製品が欲しいと思うと、その広告ばかり目に入る。他の情報があったのか？と言うくらいです。ですから、**人は結局、必要な情報を、これまた見たいように見ている**ということです。どこをどう見るかはその人の興味のあるところに行きます。

だから三角錐のものがあって、下から一生懸命見ている人は、丸だ丸だと思っている。横から見ている人は、三角錐の三角形だ、三角形だと思っている。そこで、二人が話をすると、「なに言っているんだよ、おまえ。これは三角だ」「いや、これは丸だろ」と。でも、斜めにしてみればわかる。三角錐なわけです。こうやって、戦ってしまいます。さらには、錯覚もあります。フィルターがかかっていると、違ったものに見える場合もあります。

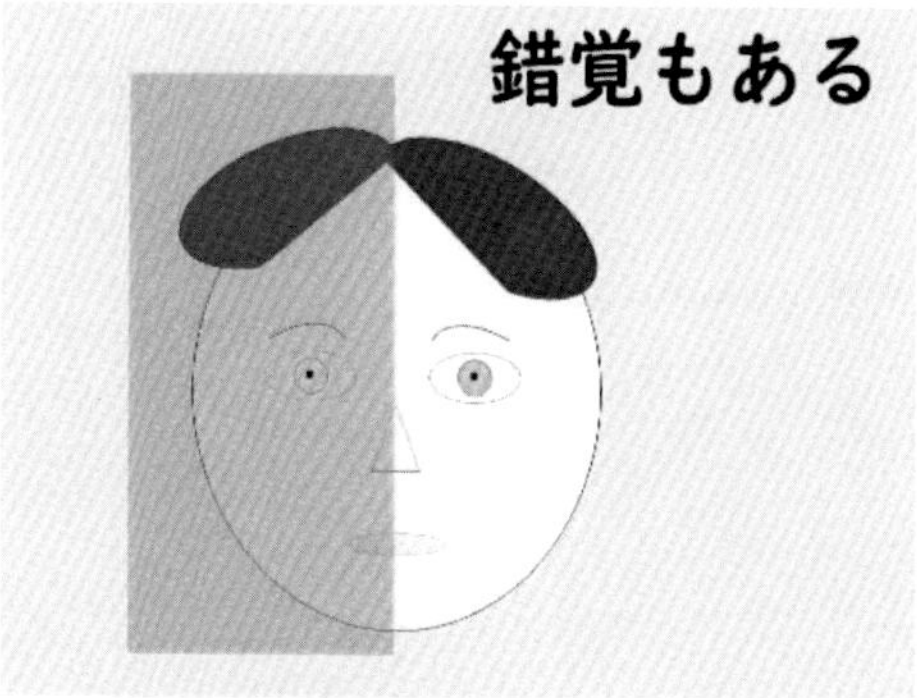

目の能力もあるし、脳の処理だし、過去の体験からどう見るかとか、何を意識していたのかとかによって、正しい場合もあるし、ウソの場合もある。なのに、こうやって議論をしちゃうと。そうです。視点と焦点が変わると、真正面から見ているのと、上から見ているのと、横から見ているのと違うじゃないですか。それが結局、誤解を生んでしまうことになります。

◆見方を共有する

誤解を避けるために、見方の共有をしたらいい。つまり、同じところはどこなのかというのを探して、違っているところはどこなのか、そして、どうして違っているのか…。先程の例で言うと、丸だとか三角というのは、そういうふうな見方が変わっていたわけですから、「おまえ、どっから見ていたの？」と訊くと、「俺横から見ていたよ」となります。「横から見ていたの？」、「俺上から見ていたよ」となり、「あ、見方が違っていたんだね」ということがわかれば、和解できます。

意見が違う人がいたら、「おまえ違うよ！」と頭から否定するのではなく、まず前提を訊くとか…。「おまえは、そう見えたんだ。俺はこう見えたよ。なぜかというと…」などとやりとりする。お互いに、**心の余裕があると、共通点が見つかって、少なくとも人間的ストレスはなくなります。**

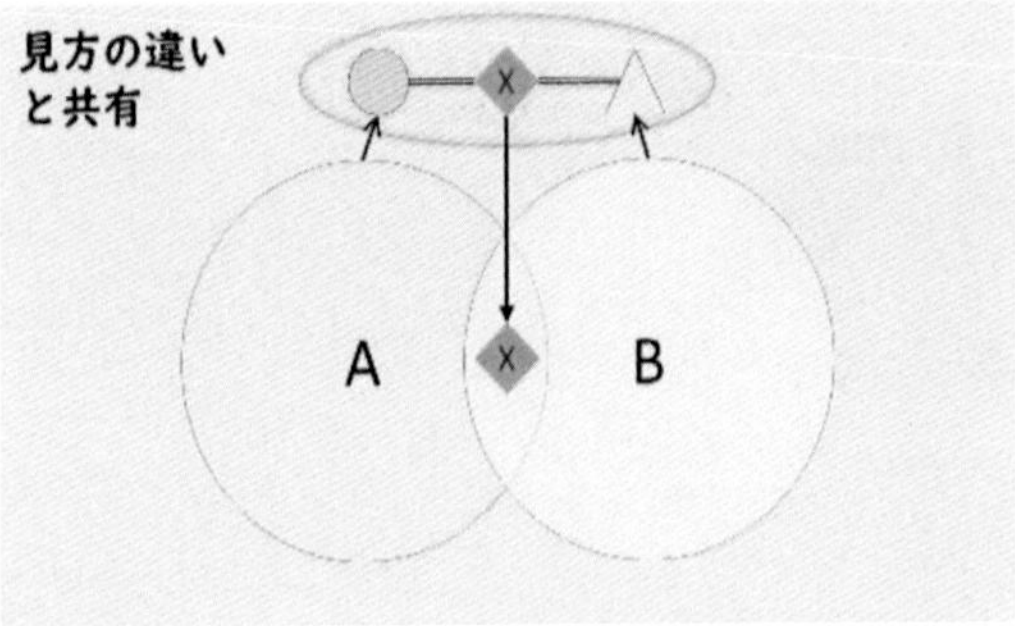

「それは、わかっていますよ、でも、それができないから苦労しているんですよ」と言う声が聞こえてきました(笑)。

◆人間関係の相互作用

次の「人間関係の相互作用」の図を見てください。

これは一人の人に対して、周りから影響がどのように受けるか、それからその人がどう思うかというのを現した図です。例えば、一人の人に、みんな同じようなことを言えば、その人はそうかもしれないなって思う。それは独りの人が真ん中にいて、影響を受けている状態です。そうすると、作用が自分に向かってきます。でも逆に、自分が外に向かっていくときもあります。受けるときも、あれば発信するときもあります。そうすると、発信するときは、「自分はこう思うんだけど…」と言ったときには、受け手はみんなバラバラに受け取っているわけです。だから、みんな同じとは限らない。そんなふうに相互的に色々なことが起こり得ているわけです。

人に影響が及ぶかというときに、その作用の仕方を一対一でやっても、一人からでは人というのは、影響はなかなか受けづらい。つまり、多くの人が言っていることによってその人は変わるということは起り得るわけです。そうすると、いろんな人と仲間と一緒に同じようなことを話すことによって、受け手のほうは、「なるほど、みんながそう思っているならそうかもしれないな」というように変わる可能性が高くなります。

だから、人を変えようとするわけではないのですが、いろいろなことの情報を、人が変わって伝えることによって、その人が色々な見方をすることができて、そういうことだったら、そうかもしれないというふうに気付くことができるということを表しています。そういった人間の相互のやり取りがあるということなのです。

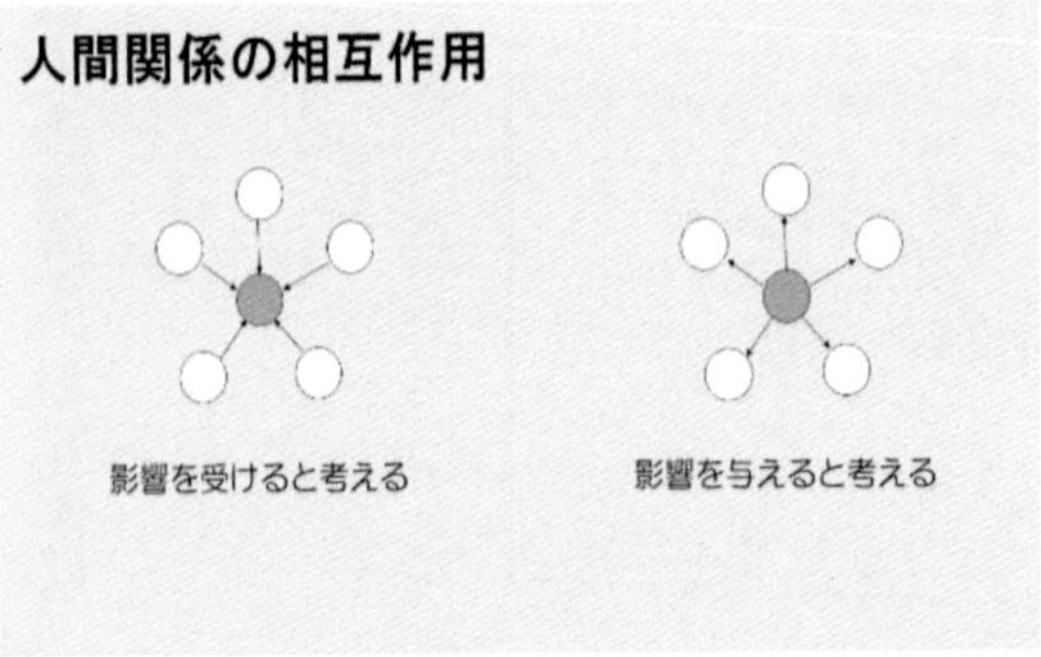

影響を与えると考えるというのは、自分がいつも自分中心で、あいつがわかってくれないとか思っていますが、聞くほうに回ると考える、自分が相手に影響を与えているよという視点から物事を考えるということです。

自殺を考えたことある人に言われたことがあります

が、今はもう自殺は認めない。あなたは自殺禁止ですと言います。なぜなら、「私が悲しむからです」と言うんです。相手にとってみれば、初めて影響を与える側になるわけです。いつもわかってくれないとか、冷たいと受け取る側だけど、聞き手の人が受け取る側に変わることによって、今まで自殺したいと言っていた人が、与える側に変わると死ねなくなるのです。

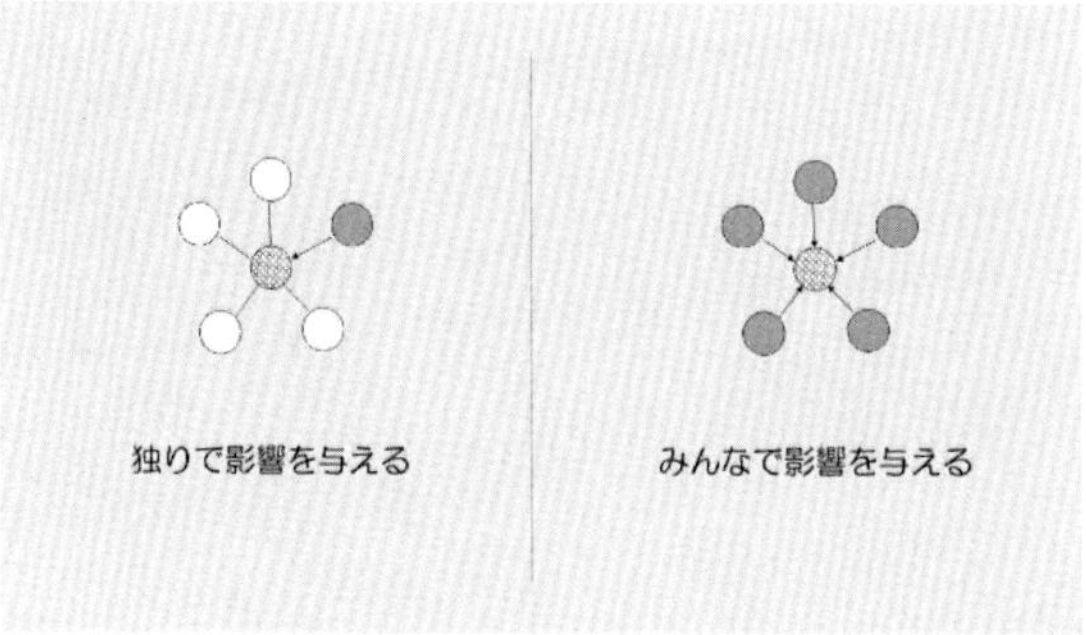

この相互作用を逆転させる。文句ばっかり言っている人も、なんで周りがわかってくれないんだよ、と受け手側になっているのですが、自分の文句が相手にどれだけ影響を及ぼしているか、と考える視点を持てたら、これは、人生の大逆転が起こるような変化なのです。

これを良く使うか、悪く使うかは、本人の人格ということになります。

第3章　夢は、人の生きる原動力

◆一度の人生だから自分で決める主役になろう

私は、よく、「一度の人生だから自分で決める主役になろう」と言います。つまり大事なのは、自分がどう見るかということです。

どう見るかというのは、なかなか変えられないけれど、自分が欲しい気持ちはなんだろうなと考えてみると、それは、晴れやかで楽しくワクワクとして、笑顔でいつもいられるような人生になりたいなと心は求めるわけです。そうした、欲しい気持ちになるためには、見方を変えてみたり、行動を変えてみたりしたら、次に出てくる瞬間が変わってきます。

つまり自分の中で、心の天気を晴れにするか、曇にするか、雨にするかは、自分の心の、その気持ちの欲するままになっていくということなのです。

これをある人は、「我が人生我が手中にあり」「自分の人生は自分でつくれる」などと言っています。

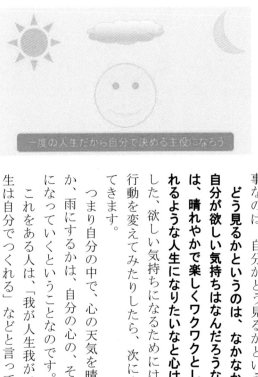

それも自分の思ったとおり、潜在意識だったり、願いのとおり、夢のとおりに近づいていくんです。それをしないから、鬱になったり、苦しくなったりするのです。そのスタートはあなたが夢を、夢とは手に入れるものを持つことだよ、蓋をしていたんじゃないの？　その蓋を開けて、もう一回欲しいもの、どんなものでもいいから見つけてみませんか？と私は言っているだけなのです。

◆ノミの法則

「ノミの法則」を知っているでしょうか？

ノミは、ジャンプするとすごく飛ぶらしいのです。何メートルも飛ぶノミを、器の中に入れて集めると、蓋がないときはピョンピョン飛んでいる。でも、ガラスの蓋をピュッとすると、そこへ当たります。当たっているうちに、だんだん、それ以上は飛べないんだという、ノミが経験的に学習します。

これは、脳で意識するというよりも、経験的にそうなります。そうすると、そのガラスを外しても、ノミはそれ以上飛ばなくなってしまいます。それでは、かわいそうすぎる！と思って、どうすれば元のようにピョンピョン飛ぶようになるのかと言ったら、ピョンピョン飛んでいるノミを、その中に入れてあげる。そうすると、そいつがピョーンと飛んだ瞬間に、自分も飛べるんだ！と思って、体感的に一緒に飛ぶ。それで元に戻れるらしいんです。

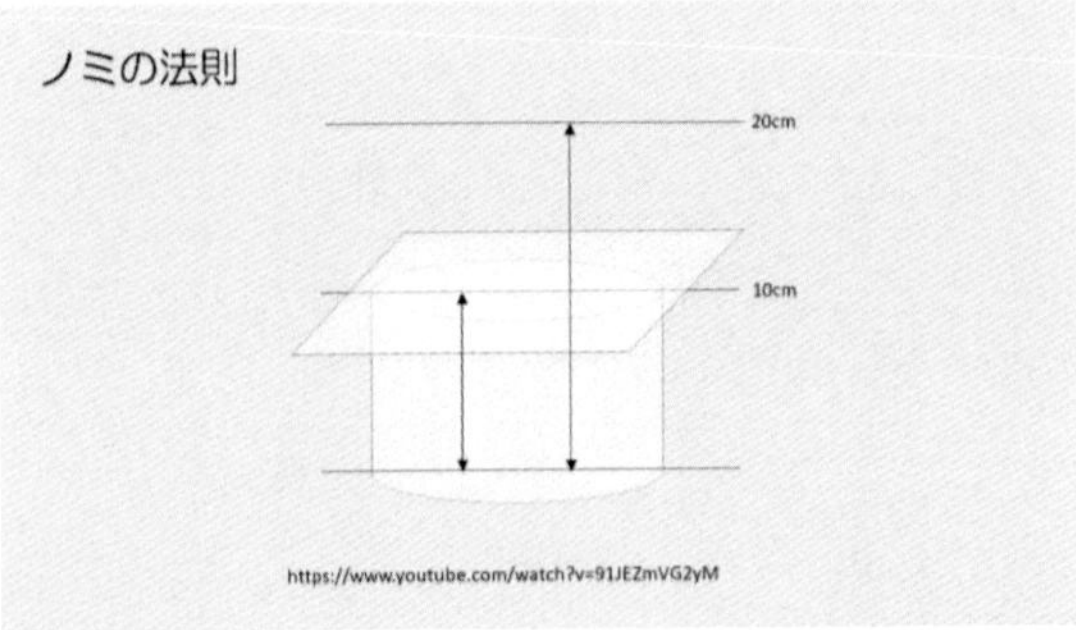

動物園の象が、杭に鎖でつながれていると、その半径をずっと回っていて、鎖を細い紐にかえても切って逃げたりせずに、そのままその枠を出ないのと同じです。籠の鳥も例示と同じです。

でも一匹入れると元に戻る。自分の心に、ジャンプする本来の自分を一匹入れてあげなさい、という事です。

だから、自分はできないとか、枠をはめているけど、隣の人がやったり、例えば、私なんか普通の人間がすごいことをやってみせたら、「岡田さんができるんだったら、俺だってできるよ」と思いませんか？

ですから、仲間が結構大事なのです。つまり、できる人間を周りに置くと、自分もできるかもという気持ちになれます。そして、本来自分の持っている力が、そこで発揮されるということが起きるんです。

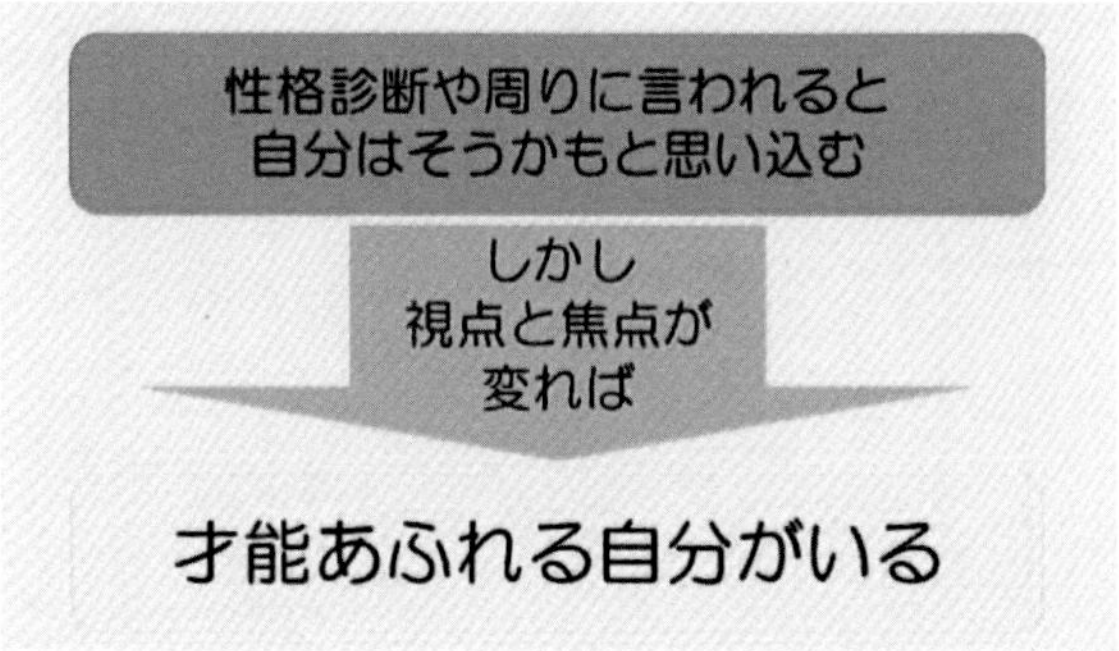
性格診断や周りに言われると
自分はそうかもと思い込む
しかし
視点と焦点が
変れば
才能あふれる自分がいる

「性格診断」などを上手に活用するのもいいと思います。今は、性格診断とか、コンピューターで出てきます。占いとか色々なもので、こうだって言われると、「今日は悪い日だから良いことはないんだ」と思ってしまう人もいるし、「全然、気にしてません」と言う人もいます。

厄年だって、「厄年にえらい目にあった人は、手を上げてください」とやると、半分近くは手を上げます。でも、半分以上は手を上げない。どうしてって言ったら、だって信じてないし、そんなことなかったし、別に自分がそういうふうに理屈付けしちゃっているだけでしょ、というような人です。

厄年の年齢は、普通に考えても、何かあるような年齢ですよね。よく生物学的には、ホルモンのバランスとか、それから成長の色々な過程での細胞の入れ替えとか、色々なものでその時期には体が変化を起こすので、病気になりやすいとかそういうことが起きるよというのは科学的にある話です。

ですので、都合のいいものだけを、自分の都合のいいように使うのがいいと思っています。

◆夢を叶える力

私は、これまでお話ししているように、夢を持つことは、自分のこれから先、到達点というか、進む姿というものを持つことで、目標とか目的になると思っています。そこへ向かっていくときに、目的だとすれば、途中に目標を置いて、それを達成していくことによって、その大きな夢を叶えていく。でもそのときには、いつも現在から夢の方ばかりを見ているわけです。そうすると、無理かもしれないな、だめかもしれないなと思う気持ちも出てきます。

そこで、**夢が叶ったという状態を想像してみます**。「俺ね、今日ね、選挙で当選してね、大臣になったんだよ」というのが夢だったとします。なった自分から見て、今の自分を見るわけです。そうすると、「そうか、俺があれをやったから、今があるんだな。そうか、ああいうことがあったからだな。あの時に、○○さんに応援してもらったから今があるんだ。△△さんに推薦状を書いてもらったから今があるんだとか」、色々なことが思い浮かぶわけです。

だって成功している、夢を叶えている自分だから、だとすると、色々なアイデアが、こっちから見たときは見えなかったものが、叶った自分から見たら、色々なものが出てくる。そうか！と気が付くのです。

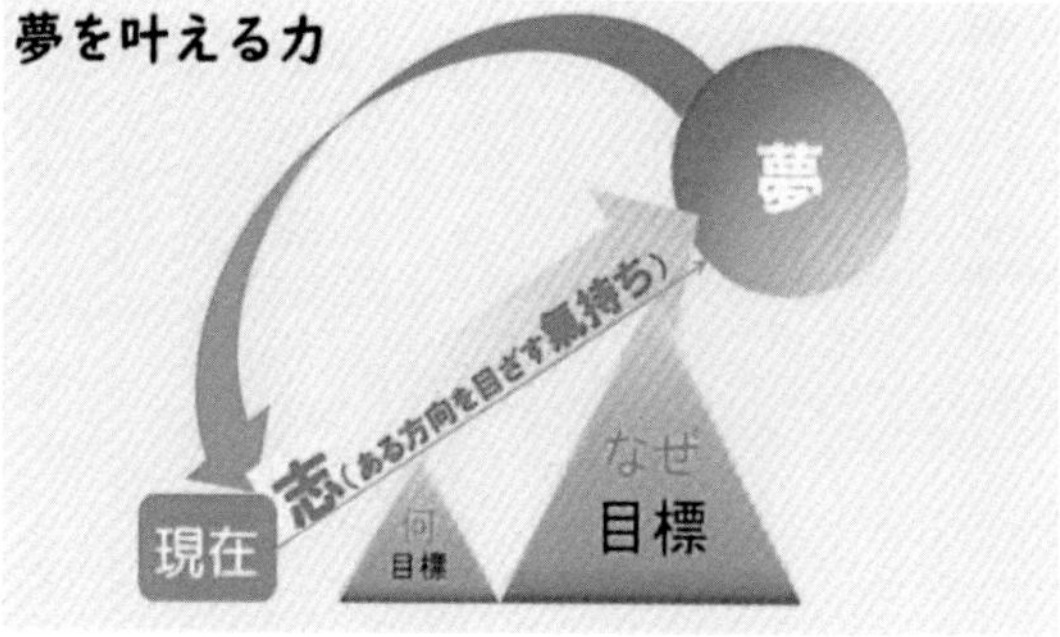

要は、未来から今の自分を見る。普通は、過去、現在、未来があれば、現在は過去の延長線上で、だからその延長線上でしか未来は見られない、そうすると、大体想定するようなことしか起きません。

でも、未来を先に決めて、そこから今を見ると、何があったら成功したかっていうのを、さっきのノミで言えば、いっぱい飛ぶノミを見て、あれがあったから、じゃ

あ、あれがないから、それをどうするかっていうふうに考えることによって、アクションが変わるし、心は成功しているから、ワクワクしてくる。

可能であれば、あなたの夢が実現しましたという前提で、第三者の仲間に、なんで成功したんですか？と話してもらうのも手です。「だって、彼は〇〇をしましたよね」と言ってもらうんです。自分ではない人が、「だってあなたは、あの時テレビに出たから成功したんですよ」とか、「あの時に本を書いたから成功したんですよ」と、第三者に言ってもらう。自分にはアイデアがないことを、第三者が言ってくれることによって、それやっていないとか、それ面白いなとか、自分のイメージの外のことが出てきて、なんかワクワクしてくるのです。

◆夢は話せ！

夢を叶えるためには、独りで一生懸命叶えよう、叶えようと思っているよりも、周りに仲間がいて、「おまえこれ夢だったよな。そのためにはこういう人いるぞ」とか、「おまえこういうことやったんじゃないの」みたいなこと言ってくれると、叶いやすくなります。だから、**夢は話せ！**ということです。
人に夢を話せる自分になり、そういう環境を用意しましょう！ということです。

夢を叶えるコツ

心に強くイメージする
人に語り仲間をつくる
仲間と共に行動する

夢を持ち、語り、仲間をつくり共に叶える。夢とは、人の生きる原動力です。夢を描く準備、どんなこともオッケー、頭を空にして、未来の想像を膨らませてほしいのです。夢を描く、心に浮かんだことをそのまま書いてみてほしいのです。

心で思ったことは、言葉に出して、周りの応援をもらう。結構言うのが恥ずかしかったり、笑われたりしますから、笑わない仲間が必要です。

そんな仲間のいるコミュニティをつくっています。ＮＰＯ法人ドリームサラリーマンミーティング（略してドリサラ）私も幹事と講師をしています。

先ほども言いましたけれども、子どもの夢を摘むのは親が多いです。だから、親御さんにも、私は一緒に夢を持ってほしいと思います。両親が夢を持っていて、子どもの夢を否定する人いないですよね。両親が夢を持っていれば、子どもの夢を応援してあげられるじゃないですか。できる・できないじゃなくて、夢を持つことによって原動力になるんです。

だから、ひとつ今やっていることで、日本ゆめ教育協会といって、子どもたちに夢を書く授業をやっています。そこで私もファシリテーター（会議や研修などを進行する、参加者に発言を促す、話の流れをまとめるといった役割を担う人）をやっていますが、子どもたちが夢を持つと勉強を自ら進んでします。

親御さんが「なに言っているの、夢なんてそんなのあったってね、うちの子は勉強しないんだから無理だから」と言っていた親の人が、子どもがその教室へ出て夢を書いたら、その次から勉強しなさいって言わないのに、机に座って勉強していると言うのです。「どうしちゃったの?」と訊くと、「僕は夢ができたんだ。その夢を叶えるために勉強するんだ」と、そういう現象が起きます。だから夢を持つって素晴らしいことだと改めて思います。

◆夢を叶える目標達成カレンダーの使い方

夢を叶えるために、毎日やりたいことを少しずつでも続けることが大切です。その為に日付を設定して、計画を創り、実際に行ったことを記録していきます。（86～87ページ参照）

ワークシートの使い方を説明します。はじめに計画の記入の仕方です。

1、はじめに夢を記入します。

2、夢が叶った時にどんな気持ちが欲しいかを記入します（いくつでも良い）。

3、その気持ちになる行動（見方を変えて、できること、アイデアなど何でも良い）

4、その中で、毎日やることで数値化できるものの代表を選び、叶った時の最終数値目標を決めて、上部に記入します。なお、数字にできない場合は、いくつかの項目を　細かく設定して、全体の項目数を最終目標値にします。この場合は、途中は項目のいくつができたかの数を記入します。

5、最終目標値が決まったら、途中の目標値を決めて、日別目標数値欄に記入します。

（年間計画は月の上中下別に分ける）

6、日別目標数値に内訳（要素となる数字）が有る場合は目標達成要素に代表を３つ

迄記入します。（年間計画は月上中下別目標数値の内訳）

7、次に、「数字グラフ化」の欄に左端の開始時に0％から最終日を100％にして、折れ線グラフを記入します。（年間は最終月を100％とする）

8、やりたい行動計画には、細かく分けた行動内容を12項目まで記入します。

次に実績の記入の仕方です。

1、日々できたことを数字で実績値に記入します。（要素がある場合は要素から記入）

2、次に、グラフに実績値の％を点で記入して0から線で結びます。

3、一番下の「良かったこと・言い訳」欄に簡単に気づいたことを記入します。

特に言い訳は素直に書きましょう。

以上を繰り返します。

一か月、一年が過ぎたら、振り返ります。

1、計画通りに行動できたか？

2、言い訳に同じことが記入されていないか？改善点が見つかります。

3、できた場合もできなかった場合も、何が良かったか、うまくいかなかったかを記入しましょう。

４、計画と実績が大きく離れてしまった場合は、計画を見直してその時点以降の欄に見直し数値を記入しましょう。グラフも新たな線を追加します。

夢によっては何年もかかることもあります。それを年間、月間、日別に細かくすることで、今自分が行動するべきことが明らかになります。

遠くを見ながら、目の前のことに集中することで、夢に一歩一歩近づいていきます。中々進まなくとも諦めずに日々行動しましょう。

目標達成カレンダー（月間）

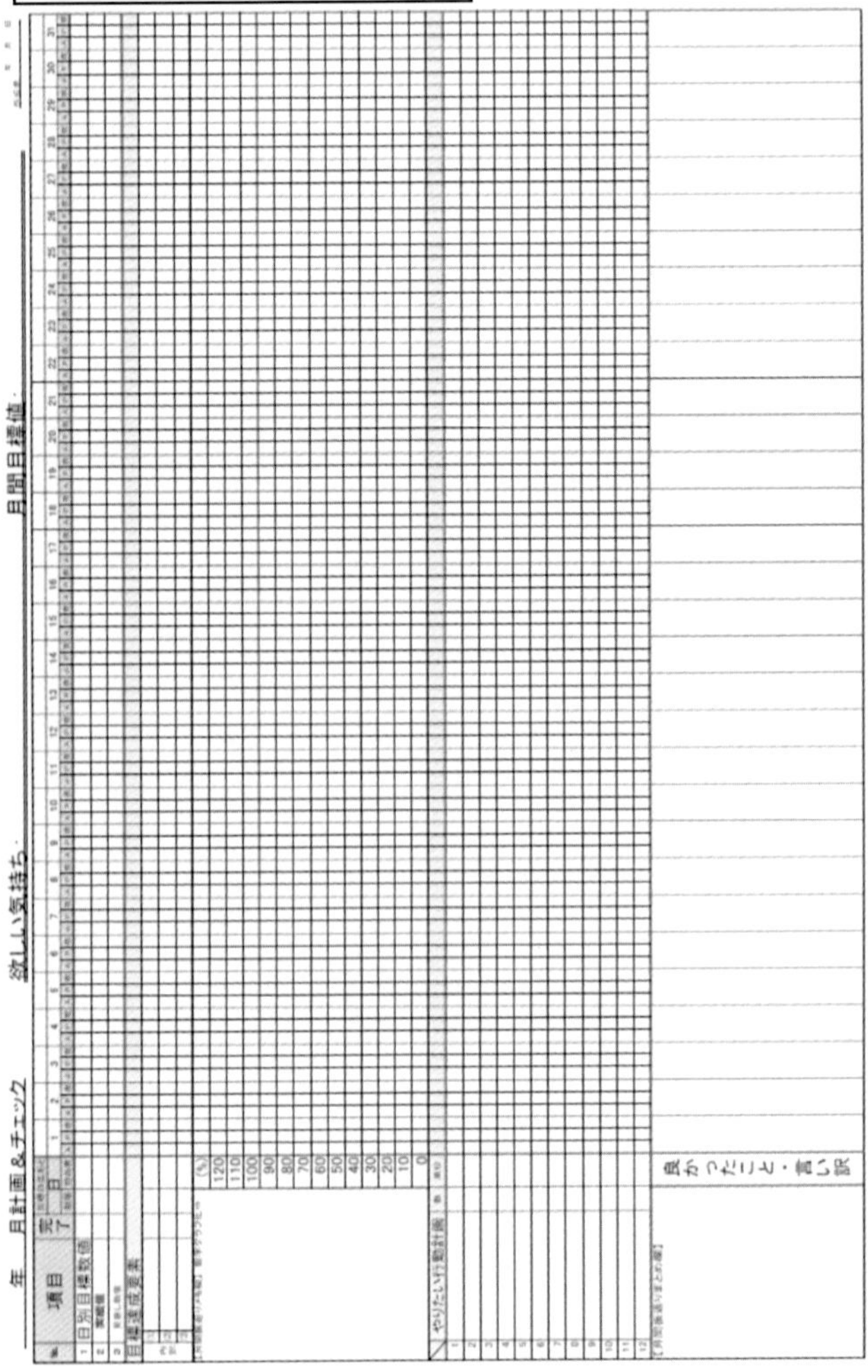

目標達成カレンダー（年間）

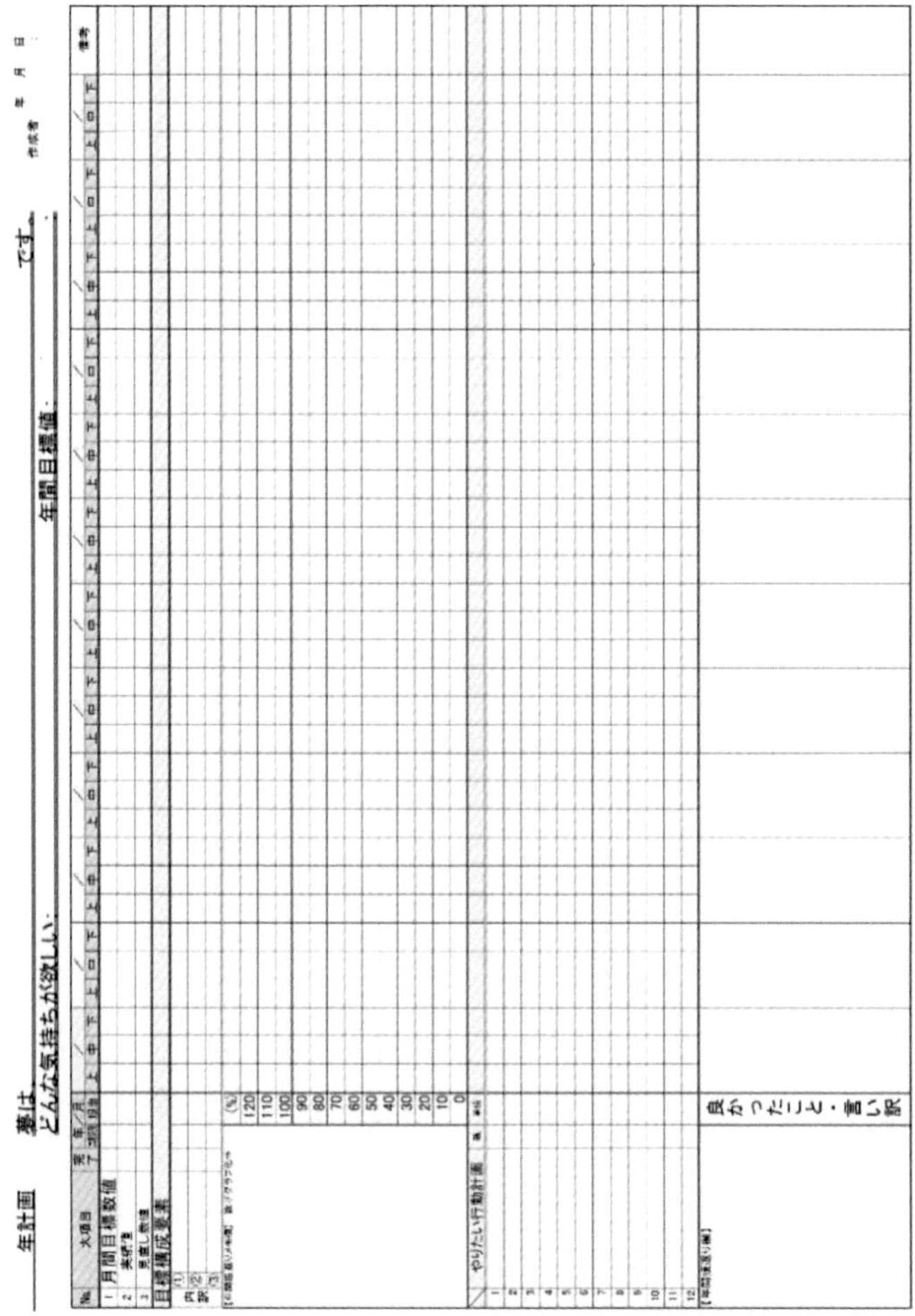
年計画
夢は　　　　です。
どんな気持ちが欲しい：
年間目標値：
作成者　年　月　日
No.　大項目
1 月間目標数値
2 実績値
3 見直し数値
目標構成要素
内訳 (1) (2) (3)
(%) 120 110 100 90 80 70 60 50 40 30 20 10 0
やりたい行動計画
1 2 3 4 5 6 7 8 9 10 11 12
良かったこと・言い訳

◆夢に囚われて、笑えないならやめた方がいい

人間の脳は、不思議と逃げ道をつくります。でも、夢はパーフェクトの良いことばかりではないので、夢で挫折してしまう人も中には出てきます。ですから、**夢に縛られて、囚われて、もしも笑えないんだったら、それはやめたほうがいい**と思っています。夢を持つ意味がないですよね。

むしろ、ワクワク楽しく生きがいを持って生きるのであれば、持ったほうがいい。でも、それを蓋されてしまって、おまえのそんな夢なんてって言われたとしたら、そういうことを取り外して、大いに語って、笑っていく。そうすれば、未来は楽しくなります。周りの人にもどんどん恥ずかしがらずに夢を語ろうよ、とそういう仲間を持ってほしいです。「火星に行くのが僕の夢だ」、「おまえばかじゃねえの」と言われても、「いや行くんだ、行くんだ」と言っていたら、本当に行けるかもしれません。実際にそういっている人もいます。

だって実際にそのために、火星移住化計画を立てて研究している人が世の中にいっぱいいます。だから、夢なんて叶わないなんて、ひとつも言う必要ないのです。

夢を持って苦しくなるなら、楽しいワクワクするレベルの夢にする。その方がワクワクする。例えば、変ですけれども、お寿司を食べたいとか、温泉旅行に行きたいでもワクワクするのであれば構わないし、もっと大きい旅行ならオーロラを見たいとかでも構わないし、世界一周クルーズでもいいし、自分がワクワクすれば構わないのです。

例えば、お寿司が食べたいって言ったら、お寿司屋さんへ行けば食べられます。それで、「食べました。おいしかったな！」と言って、夢を叶えたぞ！となったら、夢を叶えたという自分に自信が湧きます。じゃあ、次の夢は○○、その次の夢はこういう夢を持ってと、そこでまた次の夢が目標になります。一つ叶えてまた次、また次とどんどん膨らんでいく、それが人生に花を添えていくし、生きがいを持たせるし、良くなります。

まとめ

「夢」を持ち、語り、仲間をつくり共に叶える

①夢とは？
人の生きる原動力

②夢を描く準備
どんなこともOK、頭を空にして未来の想像を膨らませよう

③夢を描こう
心に浮かんだことをそのまま書いてみよう
心で思ったことは言葉に出して周りの応援を貰おう

「夢」に縛られて、とらわれて、笑えなかったら意味がない
「夢」は無くてもいい、でも、有るなら蓋をせず見続けよう！
いつか笑うために、「夢」を持ち続け、叶えよう！

◆夢を持ちたい人のサポートも

私は、夢を見つけたい人や夢なんてないと言う方も、サポートしたいです。

ご本人が努力をされないと、何も始まりません。何か、声にするとか、書くとか、見つめるというようなことです。もしかしたら、面倒くさいことや、きついこともあるかもしれませんが、ご本人が前に行く限り、もちろん止まることもあっていいのですが、もしかしたら、少しぐらい後退することもあるかもしれませんが、私はずっと寄り添って、夢を叶えるところまで、サポートします。

私の夢は、**「世の中のサラリーマンが、みんな夢を持ってワクワクしながら楽しく仕事をしている世界をつくる」**ことなのです。どんな仕事も雑にやれば雑用ですし、心を込めて一所懸命やれば、立派な仕事です。サラリーマンを最高の職業に！したいと思っています。

サラリーマンを歯車という言い方をしますが、チャップリンの映画でも歯車のようにグルグルまわっているシーンがあります。あれは、歯車にさせられているからです。

でも、自分が歯車になって動かすぞ！　この世の中を動かすぞ！となると、違う見方ができます。「世の中を動かしている歯車の一つが俺なんだ」という見方です。そういうこともできると思っています。

つまり、サラリーマン一人ひとりが**「金の歯車」**になって輝いて、世の中を動かしている。そういうような一人ひとりになって、お互いの夢を応援し合えたら、誰も争わないし、戦争も起きないと思っています。そういう世の中にしたい！というのが、私の今の大きな夢です。

あとがき

私は小学校の国語の授業中に、先生が3ページくらい黙読しなさいと、全員に指示しました。私は読むのが遅いので1ページ目を読んでいました。すると、隣の子から、「何度も読まなくていいのよ」と言われて恥ずかしい思いをしました。それ以来、本を読むのが嫌いになり、国語の時間が嫌になりました。だから、今まで「本を書くことはありえない！」と思っていました。それでも「セミナーをやっているなら本を出すといいよ！」とアドバイスをくれる先輩がいました。そこで、口では「そうですね」と言っていましたが、実現はしないと思っていました。

２０２１年の正月に、ＮＰＯ法人ドリームサラリーマンミーティングの幹事会で、メンバーに「今年中に、本を出すのが私の夢です！」と言ってしまいました。そして、必ず実現すると決めたら、釣部人裕さんの本に出会い、「これだ！」と思いました。出版を難しく考えていたから、原稿を書き溜めないといけないとか、出版社と交渉して、お金を用意しないといけないと考えていました。

でも夢を語り、仲間から応援されて、一歩踏み出しました。

「釣部さん、本を出したいんですけど…?」と声をかけさせていただき、どういう方法があるかも教えていただき、自分の不得意なことをサポートしていただき、上手に引き出してくださいました。感謝しております。

また、今まで多くの人に教えていただいたノウハウを、自分で理解、消化してやってみたことをまとめることができました。いろいろと教えていただいた師匠の方たち、一人ひとりに心から感謝いたします。ありがとうございます。上図は「サイクルマップ」を使った成功法則を解説した本です。参考になります。

ほら、みなさん、「夢」は叶うのです。

これからも、様々な仲間とともに、一人でも多くのサラリーマンが夢を持ち、夢を語り、夢を叶えるサポートを続けていきます。

２０１１年10月吉日

サラリーマンサポーター　岡田友一

参考図書

「1%の人だけが知っている100%の成功法則」

茶谷清志著(PHP研究所)

【プロフィール】　岡田友一（おかだ ゆういち）

1951年11月、東京都千代田区で生まれ、文京区で育つ。1964年、東京オリンピック・電子計算機と出会う。1975年、日本電信電話公社に入社。公衆データ通信サービス事業の運営と開発、企業の会計・人事システムの開発に携わる。2014年、 サラリーマンを元気にすることを志し、NTTデータビジネスシステムズを退社。

個人事業主「えしかるマネジメント」として開業。2021年、一般社団法人国際サイクルマップ協会 副代表理事、グランドマスター公認講師、NPO 法人ドリームサラリーマンミーティング 監事、一般社団法人日本ゆめ教育協会 ドリームファシリテーター。

現在に至る。

夢を叶える、サラリーマン！～何のために生きているのか？

2021年10月8日 第1刷発行

著　者　岡田 友一

発行者　釣部 人裕

発行所　万代宝書房

〒176-0002 東京都練馬区桜台 1-6-9-102

電話 080-3916-9383　FAX 03-6914-5474

ホームページ：http://bandaiho.com/

メール：info@bandaiho.com

印刷・製本　小野高速印刷株式会社

ISBN　978-4-910064-53 -6 C0036

装丁・デザイン／studio_o 小野寺雅浩